Dicionário de Termos de Gastronomia
Francês / Português

Helen Helene

Dicionário de Termos de Gastronomia
Francês / Português

Helen Helene

A meu pai, Antonio Helene, que despertou em mim a curiosidade e o amor pela gastronomia...

"A cozinha do Brasil acaba de ganhar um presente e o vocabulário culinário acaba de ficar mais rico com o lançamento do *Dicionário de Termos de Gastronomia – Francês / Português*.

Fico muito agradecido e feliz de poder prestar a minha homenagem neste prefácio e o meu agradecimento à Editora Boccato e à Editora Gaia por ajudar o consumidor e o profissional do 'comer bem' a entender melhor a gastronomia francesa.

Eu sempre defendo que a cozinha não é só receita, e sim que é necessário entender a tradução dos gestos no ato de cozinhar. O vocabulário gastronômico é muito rico em expressões gestuais, em referências de cortes e também de bons produtos e temperos.

Vocês vão ter tudo isto nesta pequena obra; uma bela façanha.

Obrigado em nome dos amantes da cozinha e parabéns a você, leitor, por buscar enriquecer os seus conhecimentos culturais gastronômicos."

Laurent Suaudeau

Helen Helene nasceu na cozinha. Quer dizer, a infância desta paulistana com ares franceses (mas completamente italiana) ocorreu entre conversas, receitas e aromas do restaurante Mexilhão, onde seu pai, Antonio Helene, foi chef de cozinha e proprietário durante 30 anos.

Por isso não se estranha sua paixão pela gastronomia, em especial pela francesa, e se hoje ela segue sua carreira como atriz profissional e locutora, nunca abandonou suas paixões pelos aromas franceses, seja nos pratos, seja nos vinhos, já que entre outras coisas essa eclética gastrônoma formou-se uma sommelier, em 2001, pela ABS.

Helen morou na França (onde também estudou teatro) e voltou várias vezes para passear e visitar as mais importantes vinícolas da Europa; visitas que, depois, a habilitaram na criação do interessante curso de "Vinoterapia", que alia a enogastronomia à poesia e ao divertimento.

Foi nesses cursos, e em várias "confrarias", que sentiu a necessidade de um dicionário dos principais termos de gastronomia em francês, afinal ninguém consegue (nem os franceses) lembrar de todos os nomes e nomenclaturas, que para os amantes da gastronomia e do vinho é como "beber na fonte do conhecimento", ou seja, na gastronomia francesa que é a mãe de todas as outras.

E, assim, sem pretensões acadêmicas e por pura paixão, recebemos dela uma proposta para esta edição, muitas vezes solicitada também por pessoas que, em viagem à França, necessitavam de um "manual de socorro" para levar aos restaurantes e traduzir os belos e difíceis "menus". Alie-se a isso a normal e crescente necessidade dos estudantes de gastronomia, das escolas que formam os jovens chefs, e veremos a importância deste dicionário que, aliás, é mais que isso, pois nos brinda com um anexo inédito sobre vinhos e suas regiões na França e outro sobre os queijos franceses acompanhado por uma série de mapas desenhados pela própria autora; e nomes ilustres da gastronomia francesa, terminando com algumas receitas francesas clássicas e suas versões em português para dar uma "ambience" ao texto (ou seja, "ambientar" ou contextualizar os termos da receita!).

E, claro, temos de terminar com o amém... *Bon appétit!* (locução adverbial, masculino, singular).

Editor

Índice

Prefácio de Laurent Suaudeau..............................5

Dicionário Gastronômico Francês/Português de A a Z...........8

Os Queijos da França....................................114

Os Vinhos da França....................................119

As regiões vinícolas da França e suas principais cepas.......125

Nomes famosos da gastronomia francesa..................138

Bibliografia..143

Fromages de France...................................145

Ilustrações dos rótulos.................................146

Ilustrações das garrafas................................148

Mapas Vins de France.................................149

Receitas importantes da culinária francesa................164

Abreviações utilizadas nos verbetes deste livro:

abrev.	–	abreviação, sigla
adj.	–	adjetivo
ang.	–	anglicismo
i.	–	intransitivo
inv.	–	invariável
f.	–	feminino
loc.adj.	–	locução adjetiva
loc.adv.	–	locução adverbial
m.	–	masculino
p.	–	plural
p.pas.	–	particípio passado
pr.	–	pronominal
s.	–	substantivo
sg.	–	singular
v.	–	verbo
t.	–	transitivo

A

À blanc: *loc.adv.* – ver *cuire à blanc*.

À la: *loc.adj.* – à moda de, à maneira de.

À point: *loc.adv.* – ao ponto.

Abaisser: *v.t.* – estender (a massa) com auxílio de um rolo.

Abatis ou Abattis: *s.m.p* – miúdos de aves de granja: compreende a cabeça, o pescoço, o coração, os rins, o fígado, a moela, as pontas das asas, os pés e a crista do galo.

Abats: *s.m.p.* – vísceras e extremidades de boi, vitela, porco, cabrito, carneiro e similares. Compreende o fígado, os rins, o baço, o coração, a língua, a bochecha e os pulmões (**abats rouges**); a cabeça, o timo, o miolo, os pés, as tripas, os testículos, a medula e as membranas que envolvem o estômago e os intestinos (**abats blancs**).

Abattoir: *s.m.* – abatedouro.

Abbacchio: *s.m.* – cordeiro jovem, especialidade da Córsega.

Abegnades ou Abignades: *s.f.p.* – dobradinha de ganso preparada com o sangue do ganso. É degustada com pão frito na gordura do ganso e limão. Especialidade de Chalosse, na região de Landes.

Ablette: *s.f.* – peixe de água doce de escama, pequeno, roliço e prateado: sairu. É preparado frito.

Abondance de Savoie: *s.m.* – queijo *AOC* de leite de vaca e massa prensada em peças redondas de 10kg, da região da Savoie, leste da França.

Aboukir: *s.m.* – bolo feito de um pão de ló alto, com várias camadas de recheio de creme de castanhas, coberto com *fondant* de café e decorado com pistaches.

Abricot: *s.m.* – damasco, abricó.

Abricoter: *v.t.* – pincelar com geleia ou calda, massas e bolos doces, para "lustrar".

Accoler: *v.t.* – sobrepor e colar fatias de bolo, carne, peixe, ave, etc., para formar um bolo.

Accord des mets e de vins: *s.m.* – acordo entre pratos e vinhos: combinar o vinho com o prato servido, fazer a harmonia entre o paladar e os aromas. É uma das atribuições do *sommelier*.

Acerbe: *adj.* – diz-se de um vinho muito ácido, de uma bebida muito ácida.

A

Acerole *s.f.* – acerola.

Acidulé(e): *adj.* e *p.pas.* – ácido(a).

Aciduler: *v.t.* – tornar um prato levemente ácido, com adição de limão ou vinagre.

Acras ou Akras: *s.m.* – bolinho feito com purê de legumes, ou de peixe, ou bacalhau, com farinha, temperos e ovos. É então frito em bolinhas e servido como aperitivo. Muito popular nas Antilhas francesas.

Âcre: *adj.* – acre, irritante ao paladar, picante.

Addition (l'): *s.f.* – (a) conta. Em geral, o serviço não está incluso. É praxe deixar em torno de 10% a 15% para o garçom.

Adoucir: *v.t.* – abrandar a acidez de uma preparação com açúcar, leite, água, bicarbonato, creme de leite, etc.

Affinage: *s.m.* – processo de apurar, curar, fazer maturar (um queijo) para chegar ao seu melhor estágio.

Affiné(e): *adj.* e *p.pas.* – "afinado", envelhecido(a), curado(a), amadurecido(a).

Africaine (à l'): *adj.* e *s.f.* – (à) africana: leva guarnição de batatas e mais dois legumes (pepino, berinjela ou abobrinha).

Agneau de lait: *s.m.* – cordeiro de leite.

Agneau: *s. m.* – cordeiro, filhote da ovelha.

Agnelle: *s.f.* – fêmea do cordeiro.

Agrumes: *s.m.p.* – cítricos; frutas cítricas.

Aiglefin ou Églefin: *s.m.* – peixe do Mar do Norte, da família do bacalhau, que quando é defumado resulta no hadoque. *Morue noir.*

Aïgo Boulido: *s.m.* – sopa provençal à base de água fervente e alho.

Aigre: *adj.* – azedo, ácido.

Aigre-doux: *adj.* – agridoce.

Aigrelette: *adj.* – ligeiramente azedo e/ou salgado. Termo usado em geral para molhos.

Aiguillette baronne: *s.f.* – picanha de boi.

Aiguillette: *s.f.* – parte estreita e comprida que fica ao longo do miolo do peito do pato ou de outra ave: é a parte mais gordurosa do peito. Pode ser também uma fatia fina de carne.

Aiguiser: *v.t.* – afiar.

Aiguisoir: *s.m.* – afiador.

Ail des ours: *s.m.* – alho selvagem. Planta europeia de aroma e sabor de alho bastante fortes, da qual se utilizam as folhas e não o bulbo.

Ail: *s.m.* – alho.

Aile et Cuisse: *s.f.* e *s.f.* – é um corte que engloba carne branca do peito da ave e a carne escura da coxa.

Aile: *s.f.* – asa de ave.

Aileron: *s.m.* – meio e ponta de asa de ave.

Aillade: *s.f.* – preparação que consiste em esfregar alho no pão, tostá-lo e regá-lo com azeite. É um termo também usado no sul da França, para designar uma preparação que leva alho.

Aillée: *s.f.* – condimento feito com miolo de pão, amêndoas e alhos pilados, diluídos em um caldo.

Ailloli ou Aïoli: *s.m.* – espécie de molho feito com alho, ovos e azeite de oliva.

Airelle: *s.f.* – airela: fruta europeia pequena e redonda, vermelha ou azul, usada para compotas, geleias e molhos. *Bleuet*.

Aisy Cendré: *s.m.* – queijo de leite de vaca, redondo, que é temperado com aguardente e recoberto de cinzas de madeira; da região da Bourgogne.

Ajouter: *v.t.* – acrescentar.

Albuféra: *s.f.* – molho branco tipo *béchamel*, misturado com pimentões.

Algues: *s.f.p.* – algas.

Aligot: *s.m.* – purê de batatas amassadas com queijo *cantal* fresco (é próprio para esse prato) ou queijo *laguiole*, e uma pitada de alho. É prato tradicional do Auvergne.

Alkékenge: *s.m.* – ver *physalis*.

Allemande: *s.f.* – molho branco feito com caldo claro, de ave ou peixe ou cogumelos.

Allonger: *v.t.* – adicionar líquido para tornar menos espesso.

Allumettes: *s.f.p.* – no sentido literal: palitos de fósforo. São tiras de massa folhada e também batata palito.

Alose: *s.f.* – savelha – peixe de mar, da família das sardinhas, um pouco maior que o arenque. Sardinhão.

Alouette ou Mauviette: *s.f.* – cotovia.

Aloyau: *s.m.* – lombo de contrafilé do boi; t-bone.

Alsacienne (à la): *adj. e s.f.* – à moda da Alsácia; prato composto de chucrute, um embutido típico ou *foie gras*.

Amande: *s.f.* – amêndoa. Existem duas variedades: amêndoa doce (*douce*) e amarga (*amère*).

Amande de mer: *s.f.* – no sentido literal: amêndoa do mar. Pequeno molusco de concha lisa, de sabor adocicado.

Amer (amère): *adj.* – amargo (amarga).

Amertume: *s.f.* – amargor.

Ami du Chambertin: *s.m.* – queijo de leite de vaca, de casca mofada, da região da Bourgogne.

Amidon: *s.m.* – amido de trigo, milho ou arroz.

Amour-en-cage: *s.m.* – ver *physalis*.

Amourettes: *s.f.p.* – medula espinal: tutano da espinha de vitela, de carneiro ou de boi.

Amuse-bouche ou Amuse-gueule: *s.m.* – no sentido literal: alegra a boca. Aperitivo, tira-gosto, canapés.

Ananas: *s.m.* – abacaxi.

Anchoïade: *s.f.* – patê de anchovas típico da Provence, com alho, azeite de oliva e um pingo de vinagre.

Anchois: *s.m.* – anchova pequena, de coloração escura.

Ancienne (à l'): *adj.* – à maneira antiga.

Andalouse: *s.f.* – molho de maionese com purê de tomates e cubinhos de pimentão. É também uma guarnição de pimentões, tomates, arroz, berinjela frita e linguiças.

Andouille: *s.f.* – embutido escuro, defumado, de dobradinha de porco e de outras carnes, também de porco. Geralmente é servido grelhado.

Andouillette: *s.f.* – embutido cozido de *chaudins* e outros ingredientes de porco, menor que a *andouille*, também servido grelhado.

Aneth: *s.m.* – Aneto.

Angelique: *s.f.* – angélica.

Anglaise (à l'): *adj. e s.f.* – cozido em água e sal.

Anguille: *s.f.* – peixe serpentiforme de água doce; enguia d'água-doce; muçum.

Anguille de mer: *s.f.* – enguia-do-mar, congro.

Anis ou Anis vert: *s.m.* – anis-verde, erva doce.

Anis étoilé: *s.m.* – anis estrelado. *Badiane*.

Anna: *s.f.* – clássica preparação de batatas, cortadas em rodelas, temperadas com pimenta e sal e depois preparadas com manteiga em caçarola fechada. São servidas enformadas, como um bolo de rodelas de batatas, para acompanhar carnes e aves assadas.

Annone ou Anone: *s.f.* – graviola.

Anone écailleuse ou Pomme cannelle: *s.f.* – fruta-do-conde, pinha, ata.

AOC: *abrev.* – *Appellation d'Origine Contrôllée*: denominação legal de certos produtos agrícolas (carnes, queijos, vinhos) referente à área geográfica delimitada e garantia da qualidade e características dos produtos.

Appareil: *s.m.* – mistura para preparo de um prato, como mistura para bolos, etc.

Apprêts: *s.m.* – preparações culinárias; conjunto de ações que envolvem a elaboração de um prato.

Arachide (huile d'): *s.f.* – amendoim (óleo de). Esta designação é usada para o óleo ou derivados. Para amendoim torrado usa-se *cacahuète*.

Araignée de mer: *s.f.* – crustáceo aparentado com o caranguejo: aranha-do-mar.

Araignée: *s.f.* – corte de carne de boi: patinho.

Ardennaise (à la): *adj.* – à maneira de Ardennes, com bagas de zimbro.

Ardoise (sur l'): *s.f.* – no sentido literal: ardósia ou quadro-negro. Faz referência aos pratos do dia, que são geralmente escritos em uma lousa, ou mesmo em uma ardósia, na porta do restaurante. Significa também a conta.

Arêtes: *s.f.p.* – espinhas (centrais) de peixe ou simplesmente espinhas de peixe. Também podem ser aparas.

Arganier: *s.m.* – árvore originária do sul do Marrocos, que produz um fruto oleaginoso semelhante à macadâmia, do qual se extrai um óleo comestível.

Argenteuil: *s.m.* – este é o nome de um subúrbio de Paris que antigamente produzia os aspargos que abasteciam a capital. Uma sopa, molho ou prato à base de aspargos leva este nome.

Armagnac: *s.m.* – destilado de vinho branco da região de mesmo nome (ver apêndice de vinhos).

Armoricaine (à l'): *adj.* e *s.f.* – peixes e crustáceos preparados com molho de azeite, tomate e alho.

Aromates: *s.m.p.* – temperos; aromas; ervas e especiarias.

Arôme: *s.m.* – aroma natural ou artificial, aditivo.

Arracher: *v.t.* – arrancar.

Arroser: *v.t.* – regar: com vinho, azeite, água, manteiga derretida ou destilado, para umedecer o prato.

Arrow-root: *s.m.ang.* – araruta.

Artichaut violet: *s.m.* – pequena alcachofra de cor violeta, tipo castraure.

Artichaut: *s.m.* – alcachofra.

Aspartam: *s.m.* – aspartame.

Asperge: *s.f.* – aspargo.

Aspic: *s.m.* – galantina: prato frio e enformado com gelatina de carnes e pedaços de carnes ou legumes.

Assaisonnement: *s.m.* – tempero.

Assaisonner: *v.t.* – temperar.

Assiette: *s.f.* – prato onde se come, ou travessa.

Assiette creuse: *s.f.* – prato fundo.

Assiette de charcuterie: *s.f.* – prato misto de linguiça seca, *pâté* e *rillettes*.

Assiette du Pêcheur: *s.f.* – prato misto de peixes.

Assiette plate: *s.f.* – prato raso.

Assiettes volantes: *s.f.p.* – pratos pequenos usados para servir picles, conservas, azeitonas, etc.

Assorti(e): *adj.* – sortido(a).

Attriau: *s.m.* – *crépinette* em forma de bolinho achatado, preparado com um picadinho de fígado de porco, carne de vitela, ervas finas e cebola.

Auberge: *s.f.* – restaurante de pequeno hotel de charme, fora das grandes cidades, que oferece abrigo e refeição a preços moderados.

Aubergine: *s.f.* – berinjela.

Aulx: *s.m.p.* – plural de *ail* (alho).

Aumônière: *s.f.* – no sentido literal: amarrado em uma trouxa. Refere-se a uma panqueca fina, recheada de damascos e amarrada como uma trouxinha. É levada ao forno e servida com calda quente de damascos e amêndoas picadas e grelhadas. O termo também é usado em outras preparações que são amarradas em crepe ou outra massa semelhante.

Aurore: *s.f.* – molho branco ou creme com adição de tomates. Purê ou molho de tomates.

Autocuiseur: *s.m.* – panela de pressão. É também chamada de *marmite à pression* ou *cocotte minute*.

Automne (d'): *s.m.* – (de) outono.

Autruche: *s.f.* – avestruz.

Auvergnat(e): *adj.* e *s.f.* – à maneira do Auvergne. Leva produtos regionais como o presunto, o *petit salé*, o toucinho, o queijo *bleu* ou *cantal*.

Auxide: *s.f.* – bonito: peixe de carne semelhante à do atum.

Avocat: *s.m.* – avocado: tipo de abacate bem pequeno, geralmente utilizado em saladas ou entradas. Pode também ser qualquer tipo de abacate.

Avoine: *s.f.* – aveia.

Axonge: *s.m.* – gordura de porco.

B

Baba au Rhum: *s.m.* – pão de ló embebido em calda de açúcar com rum.

Bacaliau: *s.m.* – bacalhau seco.

Badiane: *s.f.* – anis estrelado. *Anis étoilé*.

Badigeonner: *v.t.* – pincelar uma preparação com leite, gema, etc.

Baeckeoffe: *s.m.* – ensopado alsaciano, com várias carnes cortadas em pedaços e colocadas em uma caçarola com vinho, batatas e cebolas. A caçarola é fechada e levada ao forno para cozinhar a mistura lentamente.

Baguette: *s.f.* – é o pão francês clássico, comprido e fino, de 250g.

– *Baguette de Campagne* – também *baguette à l'ancienne* ou *baguette paysanne*, é a baguette polvilhada com farinha.

– *Baguette Belle Époque* e *Banette* – baguette feita pelo método mais antigo, com adição de farinha de trigo integral.

– *Baguette au Levain* – baguette preparada com fermentação natural.

Baie: *s.f.* – baga.

Baies roses ou Poivre rose: *s.f.p.* – bagas de pimenta rosa.

Baigné(e): *adj.* e *p.pas.* – banhado(a), embebido(a).

Baiser: *s.m.* – *petit-four* constituído de dois merengues colados com creme de manteiga ou glacê.

Balance: *s.f.* – balança.

Baliste: *s.m.* – peixe de água salgada: porquinho.

Ballotine: *s.f.* – rocambole feito com peixe, carne, ave ou caça desossada e recheios diversos. Depois é assado ou

cozido, e cortado em fatias grossas.
Bambou: *s.m.* – bambu.
Banane: *s.f.* – banana.
Banon: *s.m.* – pequeno queijo da Provence, de leite de vaca, cabra ou ovelha, mergulhado em álcool para não embolorar e envolto em uma folha de castanheiro.
Banquet: *s.m.* – banquete.
Banqueter: *v.i.* – banquetear.
Bar à Vin: *s.m.* – ou *Bistrot à Vin* – bares ou bistrôs onde se serve vinho em taças. Geralmente há comida típica de bistrô, *charcuterie*, pães e saladas, em um menu com poucas variações, mas saboroso e autêntico.
Bar: *s.m.* – tipo de robalo: peixe do mar Mediterrâneo, também conhecido como *loup*. Bar, botequim.
Barbarie: *s.f.* – ver *canard de Barbarie*.
Barbeau: *s.m.* – barbo, peixe de água doce.
Barbeau de mer: *s.m.* – salmonete.
Barbote ou Barbotte: *s.f.* – barboto, peixe da família do barbo.
Barbue: *s.f.* – peixe do mar Mediterrâneo, da família do linguado.
Barde: *s.f* – fatia de toucinho ou gordura de porco própria para envelopar preparações culinárias.
Barder: *v.t.* – cobrir ou envolver com tiras de gordura ou toucinho.
Barigoule (à la): *s.f.* – alcachofra assada e recheada.
Baron: *s.m.* – traseiro e pernil do carneiro ou cordeiro.
Baron de lapereau: *s.m.* – traseiro e pernil de coelho novo.
Barquette: *s.f.* – barquete, *pâtisserie* em forma de barco, com recheios de vários tipos diferentes, salgados ou doces.
Baselle: *s.f.* – bertalha: espécie de espinafre de folhas maiores e mais largas.
Basilic en arbre: *s.m.* – alfavaca.
Basilic: *s.m.* – manjericão, basilicão.
Basquaise: *adj.* – à maneira basca. Leva presunto, tomates ou pimentões vermelhos.
Basses côtes: *s.f.p.* – corte de carne bovina que engloba a parte de cima do acém e a capa de filé.
Batavia: *s.f.* – qualidade de alface repolhuda, de folhas dentadas e crocantes.
Batteur électrique: *s.m.* – batedeira.

Battre: *v.t.* – bater (ovos, bolo, etc).

Battu(e): *adj.* e *part.pas.* – batido(a).

Baudroie: *s.f.* – peixe comum no Atlântico e no Mediterrâneo, de cabeça grande e cheia de apêndices e espinhas, também chamado de *lotte de mer*.

Baudruche: *s.f.* – película trabalhada para consumo, da parte mais larga do intestino grosso do boi ou do carneiro, própria para embutidos.

Bavaroise *(s.f)* **ou Bavarois:** *(s.m.)* – creme doce gelado, preparado com gelatina batida com creme de leite.

Bavette: *s.f.* – também *flanchet* ou *bavette de flanchet*: corte de carne bovina: fraldinha.

Bavoir: *s.m.* – babador.

Béatilles: *s.f.p.* – miúdos de aves: pescoço, asas, etc. É também uma preparação elaborada com diversos tipos de miúdos.

Beaufort: *s.m.* – queijo *AOC*, de leite de vaca, da região dos Alpes, de massa prensada curada.

Beauharnais: *s.m.* – guarnição de cogumelos recheados e fundos de alcachofras. É também uma preparação de ovos moles sobre fundo de alcachofras.

Beauvilliers: *s.m.* – bolo feito com amêndoas socadas com açúcar, manteiga, ovos e farinha.

Bécasse: *s.f.* – ave de bico longo e patas curtas, galinhola.

Bécasseau: *s.m.* – filhote de *bécasse*; galinhola pequena.

Bécassine: *s.f.* – narceja, ave pequena de regiões pantanosas.

Béchamel: *s.f.* – molho branco cremoso preparado com leite aromatizado com louro, pimenta-do-reino, cenoura, cebola, sal e salsinha, engrossado com farinha de trigo e manteiga. É base de várias receitas.

Beignet ou Beigne: *s.m.* – bolinho achatado feito com frutas passadas em massa mole e fritas em óleo quente. Depois são salpicados com açúcar.

Beignet soufflé: *s.m.* – *beignet* feito com massa de carolinas. *Croquignole*.

Belle-Hélène: *s.f.* – nome emprestado de uma opereta de Offenbach. Quando são *tournedos à Belle-Hélène*, a carne leva guarnição de batata palha, agrião e fundo de alcachofra coberto com molho *béarnaise*. No caso da sobremesa, são peras (ou outra fruta) mergulhadas em calda, enxugadas, colocadas sobre um sorvete de baunilha e cobertas com calda de chocolate.

Belon: *s.f.* – tipo de ostra de concha lisa.

Béluga ou Bélouga: *s.m.* – espécie de esturjão do Mar Cáspio, muito apreciado por seu caviar.

Bercy: *s.m.* – molho preparado com vinho e *échalotes*, engrossado com farinha de trigo e manteiga.

Bergamote: *s.f.* – bergamota.

Bernicle ou Bernique: *s.f.* – ver *patelle*.

Berrichon *(adj. e s.m.)* **e Berrichonne:** *(adj. e s.f.)* – guarnição preparada com cebolinhas carameladas, repolho refogado ou recheado, toucinho e castanhas cozidas.

Bethmale: *s.m.* – queijo de leite de vaca, do Midi-Pyrenées. Possui casca cor de laranja e massa untuosa, doce-azeda, agradável ao paladar.

Bêtises: *s.f.p.* – literalmente: besteiras. Nome de uma especialidade de Cambrai: espécie de bombom de açúcar, de massa aerada, com aroma de menta.

Bette ou Blette: *s.f.* – espécie de acelga.

Bette à carde: *s.f.* – ver *poirée*.

Betterave: *s.f.* – beterraba.

Beurre: *s.m.* – manteiga. A manteiga é geralmente servida em entradas, com frios, crustáceos, ostras, rabanetes, anchovas e sardinhas, acompanhados de pão de centeio. Ou com os queijos, acompanhando o *plateau des fromages*, para atenuar-lhes o sabor forte.

– *Beurre d'Echiré*: mais firme e densa que as outras, é usada em composição de massas e pastelarias.
– *Beurre de Normandie*: é a mais comum da França.
– *Beurre demi-sel*: manteiga ligeiramente salgada, manteiga de mesa.

Beurre blanc: *s.m.* – molho de vinho branco, *échalote* e manteiga.

Beurre d'arachide: *s.m.* – manteiga de amendoim.

Beurre de cacao: *s.m.* – manteiga de cacau.

Beurre en pommade: *s.m.* – manteiga em temperatura ambiente, trabalhada com espátula até adquirir consistência de pomada.

Beurre manié: *s.m.* – manteiga misturada com farinha de trigo, em partes iguais. É usada para ligar e emulsionar molhos.

Beurre noir: *s.m.* – molho de manteiga tostada, vinagre ou suco de limão e salsinha. Às vezes leva alcaparras.

Beurre noisette: *s.m.* – manteiga ligeiramente tostada, com coloração de avelãs.

Beurre vert: *s.m.* – molho de manteiga com ervas frescas picadas.

Beurrer: *v.t.* – amanteigar, passar manteiga.

Bicarbonate: *s.m.* – bicarbonato de sódio.

Biche: *s.f.* – fêmea do veado.

Bien cuit(e): *adj.* – bem passado(a).

Bière: *s.f.* – cerveja.

Bifteck: *s.m.ang.* – bife.

Bigarade: *s.f.* – molho de laranja e vinho do Porto.

Bigarreau: *s.m.* – tipo de cereja vermelha.

Bigorneaux: *s.m.p.* – pequenos moluscos do mar, também chamados de *escargots de mer*.

Billy Bi: *s.m.* – sopa cremosa preparada com mariscos.

Biscotte: *s.f.* – fatia de pão doce torrada.

Biscotte Parisienne: *s.f.* – pâtisserie leve, de forno, feita com amêndoas, gemas, claras em neve e fécula, aromatizada com *kirsch*.

Biscuit: *s.m.* – biscoito, bolacha.

Biscuits à la cuillère: *s.m.p.* – palitos-franceses. Biscoito muito semelhante ao biscoito inglês.

Bisque: *s.f.* – sopa de crustáceos condimentada, apurada com vinho branco e conhaque e engrossada com creme de leite.

Bistrot : *s.m.* – restaurante pequeno, em geral familiar, que também oferece serviço de bar e café, com preços mais em conta do que os *restaurants*.

Bistrot à Vin: *s.m.* – ver *bar à vin*.

Bistrotier(ère): *s.m. e s.f.* – dono(a) de bistrot. Também chamado de *patron*.

Bitokes: *s.m.p.* – bolinho feito de carne moída, manteiga e migalhas de pão, empanado em farinha de trigo.

Blanc (d'oeuf): *s.m.* – clara de ovo.

Blanc (de poireaux): *s.m.* – parte branca (do alho-poró).

Blanc (de volaille): *s.m.* – em geral, o peito do frango.

Blanc (au): *s.m.* – se diz do cozimento de frango ou vitela em fervura de água com farinha ou em caldo claro.

Blanc-manger: *s.m.* – gelatina de leite aromatizado (com coco, baunilha, amêndoas) com *coulis* de frutas.

Blanchailles: *s.f.p.* – petinga, peixe ou sardinha miúda, isca.

Blanchir: *v.t.* – branquear; mergulhar por alguns minutos os alimentos em água ou caldo em ebulição. Também significa bater ingredientes para um bolo (gemas, manteiga, açúcar) até "branqueá-los".

Blanquette: *s.f.* – ensopado de vitela (*de veau*), ou carneiro (*d' agneau*), ou frango (*de poulet*) ou frutos do mar (*de fruits de mer*), com molho branco, ovos batidos e creme de leite.

Blé: *s.m.* – trigo.

Blé noir: *s.m.* – trigo sarraceno; *sarrasin*.

Blette: *s.m.* – ver *bette*.

Bleu: *adj.* – malpassado (bife). Também designa queijos de veios azuis, feitos com leite de vaca, alguns com selo AOC: como o *Bleu de Causses (AOC), Bleu de Bresse, Bleu de Gex (AOC), Bleu d'Auvergne (AOC), Bleu de Laqueuille, Bleu du Vercors / Sassenage (AOC)*. É também uma forma de cozimento de peixes (truta, carpa ou solha), bem frescos, em água fervente com vinagre, sal e ervas, o que lhes dá uma coloração escura e uma forma recurvada característica.

Bleuet: *s.m.* – ver *airelle*.

Blinis: *s.m.p.* – Prato de origem russa. São panquecas grossas e pequenas, geralmente servidas para acompanhar caviar.

Blondir: *v.t.* – dourar.

Boeuf: *s.m.* – boi, carne de boi.

Boeuf à la mode: *s.m.* – carne de boi, marinada e cozida em vinho tinto, servida com cebola, cenouras, cogumelos e nabos.

Boeuf au gros sel: *s.m.* – carne de boi assada sobre sal grosso, servida com verduras e legumes.

Boeuf bourguignon: *s.m.* – ensopado de carne de boi em vinho da *Bourgogne*.

Boisson: *s.f.* – bebida.

Boissons chaudes: *s.f.p.* – bebidas quentes.

Boldo: *s.m.* – boldo.

Bombe: *s.f.* – sobremesa preparada com sorvete em camadas, enformado em cone ou semicírculo e desenformado para servir. Leva cobertura de chantilly ou frutas.

Bonne femme (cuisine): *s.f.* – simboliza a cozinha

B caseira, rústica. É também acompanhamento para carne, com toucinho, cebola, batatas e cogumelos. Para peixes, o acompanhamento *bonne femme* leva *échalote*, salsa, cogumelos e batatas. Também pode ser um molho feito com vinho branco, *échalote*, cogumelo e suco de limão.

Bonnefoy: *s.m.* – molho tipo *bordelaise,* com vinho branco.

Bonnet: *s.m.* – bucho, dobradinha, *tripe, double-gras*.

Bordelaise (à la): *adj. e s.f.* – à maneira de Bordeaux. Pode também ser um molho escuro feito com *échalote*, vinho tinto e tutano de osso de boi ou vitela.

Bouchée: *s.f.* – bocado; pequeno gole. Pode também se referir a pequenos salgadinhos ou *vol-au-vent*, fáceis de serem ingeridos de uma só vez por seu tamanho.

Boucher: *s.m.* – açougueiro.

Boucherie: *s.f.* – açougue.

Bouchon: *s.m.* – rolha, tampa.

Bouchon de Sancerre: *s.m.* – queijo de leite de cabra, do Val de Loire cujo formato lembra uma rolha.

Bouchonné: *adj.* – *vin bouchonné*: vinho com sabor e aroma de rolha.

Boudin: *s.m.* – embutido ou recheio de embutido.

Boudin blanc: *s.m.* – embutido branco, com recheio de vitela, frango ou porco.

Boudin noir: *s.m.* – embutido de sangue de porco: morcela, chouriço de sangue.

Boudoir: *s.m.* – biscoito em forma de bolacha champagne, salpicado de canela nas bordas.

Bouilloire: *s.f.* – chaleira.

Bouilloire électrique: *s.f.* – chaleira de ebulição elétrica. Ebulidor.

Boulangerie: *s.f.* – padaria.

Boulghour ou Bulghur: *s.m.* – trigo para quibe.

Bouillabaisse: *s.f.* – caldeirada: sopa de peixes e frutos do mar, típica da região de Marseille e do Mediterrâneo.

Bouillir: *v.i.* – ferver.

Bouillon: *s.m.* – caldo de ervas, legumes, carne ou aves.

Boule: *s.f.* – pão redondo ou em forma de bola.

Bouler: *v.i.* – rolar em formato de bola.

Boulette: *s.f.* – bolinho de carne, peixe ou ave.

Boulette d'Avesnes: *s.m.* – queijo de leite de vaca, da Normandie, em formato de pera, salpicado com páprica.

Bouquet: *s.m.* – camarão grande e avermelhado. Também se diz do aroma complexo de um vinho.

Bouquet garni: *s.m.* – amarrado de salsinha em rama, louro, tomilho e cebolinha (ou alho-poró) que se coloca na panela para dar aroma e sabor a caldos e molhos.

Bourdaloue, Bourde ou Bourdelot: *s.f.* – preparado de frutas cozidas e quentes. Pode ser usado em recheio de tortas, servido com biscoitos doces, ou envolto em massa. É também uma torta de peras.

Bourguignon(ne): *adj.* – à maneira da Bourgogne. Leva vinho tinto da região (ou similar), cebolas, cogumelos e toucinho.

Bouribut: *s.m.* – pato ensopado com vinho tinto e pimenta.

Bourride: *s.f.* – receita tradicional da Côte d'Azur: é um ensopado de caldo de peixe, com peixes e frutos do mar, misturado com gemas de ovos e servido com *aïoli*.

Boursin: *s.m.* – queijo pasteurizado de leite de vaca, cremoso e pastoso, natural ou aromatizado com ervas, alho, pimenta, etc.

Boyau: *s.m.* – tripa. Em geral usada para fazer embutidos.

Braise: *s.f.* – brasa.

Braiser: *v.t.* – assar ou cozinhar na brasa ou em forno, em panela pesada e bem tampada. Também é uma forma de cozinhar carne, dourando-a na gordura e, depois, em fogo baixo e com a panela tampada, juntando um pouco de líquido.

Branchette: *s.f.* – ramo pequeno, geralmente de tempero fresco.

Brandade (de morue): *s.f.* – prato típico da Provence: purê feito com bacalhau desfiado, leite ou creme de leite ou azeite, e bastante alho. Algumas receitas levam purê de batatas na massa.

Brebis (fromage de): *s.f.* – ovelha (queijo de).

Brème: *s.f.* – brema: peixe de água doce, de corpo longo e achatado e escamas prateadas.

Bretonne: *adj.* e *s.f.* – à maneira da Bretagne: pode ser uma guarnição de feijões brancos ou um molho preparado com aipo, vinho branco, cenouras e alho-poró.

Brider: *v.t.* – amarrar com barbante (carne, aves).

Brie: *s.m.* – queijo de leite de vaca, tradicional da região da Champagne-Ardennes e Île-de-France, de massa cremosa e casca mofada. Os mais famosos são *AOC*: *Brie de Meaux* e *Brie de Melun*.

Brillat-Savarin: *s.m.* – famoso gastrônomo francês. Também é o nome de um queijo criado em sua homenagem. É um queijo bastante cremoso, de leite de vaca, de casca mofada, produzido na Normandie e na Bourgogne.

Brin d'Amour: *s.m.* – ou *Montatimu*. Queijo corso, de leite de ovelha, de casca mofada e salpicada de segurelha e alecrim.

Brindille: *s.f.* – raminho ou ponta de ramo de tempero fresco ou seco.

Brioche: *s.f.* – pão leve, adocicado, de massa levedada, que leva manteiga e ovos.

Brique: *s.m.* – queijo de leite de vaca, cabra ou ovelha, de casca mofada, produzido no Auvergne.

Brisée: *adj.f.* e *p.pas.* – ver *pâte brisée*.

Broccio ou Brocciu: *s.m.* – queijo fresco corso, *AOC*, produzido com soro de leite de ovelha.

Broche (à la): *s.f.* – espeto; assado em espeto.

Brochet: *s.m.* – lúcio, espécie de linguado.

Brochet de mer: *s.m.* – tipo de barracuda, peixe marinho.

Brochette: *s.f.* – espetinhos; carnes (de qualquer tipo) cortadas em cubos, com verduras, assadas em espeto pequeno.

Brocoli: *sm.* – brócolis.

Brouillé(es): *adj.* e *p.pas.* – mexido(s). Usa-se para ovos.

Brousse: *s.f.* – queijo fresco, de leite pasteurizado de vaca, ovelha ou cabra, da região da Provence.

Broutes: *s.f.p.* – folhas de couve-flor.

Broyer: *v.t.* – triturar.

Brugnon: *s.m.* – nectarina.

Brûlé(e): *adj.* e *part.pas.* – no sentido literal: queimado(a). Caramelizado com fogo, maçarico culinário ou com chapa de cobre quente.

Brûler: *v.t.* – queimar, tostar.

Brûlerie: *s.f.* – torrefação de café. É também destilaria de aguardente.

Brûloir: *s.m.* – torrador de café.

Brûlot: *s.m.* – aguardente flambada com açúcar.

Brunoise: *s.f.* – corte de verduras, em cubinhos bem pequenos.

Brut: *s.m.* – designação para vinhos espumantes, sidras e champagnes com pouca ou nenhuma adição de açúcar.

Buccin: *s.m.* – ver *bulot*.

Buffle: *s.m.* – búfalo. *Karbau*.

Bugnes: *s.f.p.* – iguaria tradicional de Lyon: massinha feita com ovos, farinha, açúcar e rum, cortada em tiras, frita e salpicada com açúcar e baunilha.

Buisson: *s.m.* – a palavra quer dizer arbusto. É uma forma de arrumar legumes, torradas, camarões, etc. empilhando-o como em uma pirâmide.

Bulbe: *s.m.* – bulbo.

Bulot: *s.m.* – molusco do mar, também chamado de *buccin*. Búzio ou atapu.

C

Cabécou: *s.m.* – queijo de cabra, pequeno e redondo, da região do Périgord. Ver *Rocamadour*.

Cabillaud: *s.m.* – bacalhau fresco.

Cacahouète ou Cacahuète (noix de): *s.f.* – amendoim; geralmente o que já está torrado. O que está cru é chamado de *arachide*.

Cacao: *s.m.* – cacau.

Cacher: *v.t.* – esconder, cobrir.

Caen (à la mode de): *s.f.* – à moda de Caen – nome de uma das principais cidades da Normandie, grande produtora de maçãs. Normalmente, é um prato de tripas cozidas em *Calvados,* bebida típica da região, e vinho branco e/ou sidra.

Café: *s.m.* – café. Também é local de alimentação no qual se serve café.

Café au lait: *s.m.* – café com leite.

Café crème: *s.m.* – café com leite e espuma de leite.

Café déca: *s.m.* – café descafeinado.

Café double express: *s.m.* – ou simplesmente *double express*: expresso duplo.

Café express: *s.m.* – ou simplesmente *express*: café expresso.

Café liégeois: *s.m.* – café gelado, misturado com creme de leite batido ou sorvete.

Café long: *s.m.* – café expresso mais fraco.

Café noir: *s.m.* – café puro.

Café serré: *s.m.* – café curto.

Cagouille: *s.f.* – também chamado de *petit gris*. Caracol comestível pequeno, originário da província de Saintonge.

Caillage: *s.m.* – processo de coagulação (do leite, para fabricação de queijos).

Caille: *s.f.* – codorna.

Caillé: *s.m.* – leite coalhado, coagulado.

Caillebotte: *s.f.* – massa de leite coalhado (coagulado) para fabricação de queijos.

Caille-lait: *s.m.* – coalho.

Caillette: *s.f.* – membrana que envolve o estômago do boi. Também é um *crépinete* de carne de porco moída.

Calisson: *s.m.* – doce feito de pasta de amêndoas e frutas cristalizadas, em forma de losango e coberto com glacê. Especialidade de Aix-en-Provence.

Cajou (noix de): *s.m.* – castanha de caju.

Calmar: *s.m.* – calamar, lula pequena, semelhante ao *encornet*.

Calvados: *s.m.* – aguardente de sidra de maçã, produzida na Normandie.

Camembert: *s.m.* – queijo *AOC*, de leite de vaca, originário da Normandie, de massa mole e casca mofada.

Camisard: *s.m.* – é um queijo *Cabécou* ou um *Rocamadour*, envolto por uma fina fatia de toucinho defumado, que se usa aquecer em forno e servir acompanhado de uma salada.

Camomille: *s.f.* – camomila.

Campagne (à la): *s.f.* – à moda do campo, camponesa.

Camphre: *s.m.* – cânfora.

Canapé: *s.m.* – aperitivo de pão torrado, cortado em pedaços pequenos, redondos, triangulares ou quadrados, guarnecidos com coberturas salgadas variadas, como frios, queijos, frutas, patês, etc. Também é o pão torrado em triângulos usados para decoração ou para acompanhar um prato de caça.

Canard: *s.m.* – pato.

Canard à la presse: *s.m.* – pato assado, trinchado e servido com molho obtido do caldo de sua carcaça espremida em uma prensa própria para tal fim. O centenário restaurante La Tour d'Argent, de Paris, célebre pelo preparo desse prato, dá ao consumidor um certificado com o número do prato de *canard à la presse* que lhe foi servido.

Canardeau: *s.m.* – ver *caneton*.

Canard de Barbarie: *s.m.* – raça de pato muito apreciada originária do sudoeste da França. É geralmente preparado no forno, devido ao sabor forte de sua carne, que se assemelha à caça.

Canard de Challans: *s.m.* – ver *canard de Nantes*.

Canard laqué: s.m. – pato laqueado: iguaria chinesa.

Canard de Nantes: *s.m.* – ou *canard de Challans*. É um pato pequeno, de carne de sabor bastante leve.

Canard de Rouen: *s.m.* – cruzamento de pato doméstico com pato selvagem.

Canard sauvage: *s.m.* – pato selvagem.

Cancalaise (à la): *adj.* e *s.f.* – preparação de peixes que leva ostras de Cancale.

Cancale: *s.f.* – ostra *plate* da cidade litorânea de Cancale.

Cancoillotte: *s.f.* – queijo tradicional do Franche-Comté, fundido, com sal, manteiga e temperos. Pode ser usado em culinária ou degustado frio ou quente, e é encontrado em potes, in natura, aromatizado com alho, manteiga ou vinho.

Candir: *v.t.* – cristalizar.

Caneton: *s.m.* – ver também *canardeau*. Pato jovem.

Canette: *s.f.* – pata jovem.

Canette ou Cannette: *s.f.* – medida de líquidos, usada nas cervejarias, que equivale a um litro. É também a lata de alumínio de refrigerantes.

Canne à sucre: *s.f.* – cana-de-açúcar.

Cannelé(e): *adj.* e *p.pas.* – canelado(a). É também um bolinho bordelês com aroma de baunilha, feito em pequena fôrma canelada.

Cannelle: *s.f.* – canela.

Canneler: *v.t.* – fazer sulcos ao longo de frutas e legumes; canelar.

Cantal: *s.m.* – queijo *AOC* do Auvergne, feito de leite de vaca, curado e prensado em peças de 40kg.

Câpre: *s.f.* – alcaparra.

Caprice: *s.m.* – capricho. É também o nome de um vinho de sobremesa.

Caprice des Dieux: *s.m.* – marca popular de queijo industrializado de forma ovalada e casca mofada semelhante ao camembert.

Caprin: *adj.* e *s.m.* – caprino.

Capsule: *s.f.* – cápsula. Cobertura de estanho, chumbo ou plástico que envolve o bocal da garrafa de vinho.

Capucine: *s.f.* – capuchinha.

Caquelon: *s.m.* – panela para fondue.

Carafe: *s.f.* – garrafa ou jarra, de base larga e pescoço estreito, usada em restaurantes para levar vinho da casa ou água da torneira à mesa; o conteúdo desta garrafa.

Carafe d'eau: *s.f.* – jarra de água da torneira.

Carambole: *s.f.* – carambola.

Caraméliser: *v.t.* – caramelizar. Também significa cristalizar os sucos de carne que ficam no fundo do recipiente de cozimento.

Carangue: *s.f.* – xaréu, xarelete: peixe marinho.

Carbonade ou Carbonnade: *s.f.* – carne de boi cortada em cubos, frita e depois ensopada dentro de um molho de cerveja e cebolas. É servido com massa ou batatas fritas. Prato de origem belga.

Cardamome: *s.f.* – cardamomo.

Cardon: *s.m.* – cardo: usado para coalhar leite; coalha-leite. Os talos também são usados em preparações culinárias, cozidos ou refogados.

Cargolade: *s.f.* – prato feito com *cagouille*.

Carnotzet: *s.m.* – pequeno restaurante típico do cantão suíço.

Carotte: *s.f.* – cenoura.

Carotte sauvage: *s.f.* – cenoura brava, de coloração clara.

Carottes rapées: *s.f.p.* – cenouras raladas. Salada de cenoura ralada com vinagrete.

Carpe: *s.f.* – carpa.

Carré (d'agneau): *s.m.* – costela ou lombo (de cordeiro).

Carré (de porc): *s.m.* – costela ou lombo (de porco).

Carré (de veau): *s.m.* – costela ou lombo (de vitela).

Carré de l'Est: *s.m.* – queijo de leite de vaca, de massa mole e casca mofada, em formato quadrado, original da Lorraine.

Carré du Poitou: *s.m.* – similar ao *Carré de l'Est*, mas feito com leite de cabra, na região de Poitou-Charentes.

Carrelet: *s.m.* – peixe de mar, da família do linguado, de carne saborosa.

Carte: *s.f.* – menu, cardápio.

Carte (à la): *loc. adv.* – refeição escolhida pelo cliente, de uma lista ou cardápio. Excetua os menus a preço fixo.

Carte des vins: *s.f.* – carta de vinhos.

Carvi: *s.m.* – cariz, alcaravia, kümmel.

Casoar: *s.m.* – ave: jacutinga.

Casse-croûte: *s.m.inv.* – lanche, refeição leve, sanduíche.

Casse-croûter: *v.t.* – fazer uma refeição rápida, beliscar.

Casse-pierre: *s.m.* – alga marinha comestível.

Casserole: *s.f.* – panela funda de cabo longo.

Cassis: *s.m.* – groselha preta. É também o licor dessa fruta (*crème de cassis*).

Cassolette: *s.f.* – vasilha refratária ou de metal, com duas asas. É também o cozido ou assado preparado nesta vasilha, na qual é levado à mesa.

Cassonade: *s.f.* – açúcar mascavo.

Cassoulet: *s.m.* – prato tradicional do sudoeste da França, feito com feijão-branco e combinações de embutidos e carnes de pato, porco, cordeiro, carneiro e ganso.

Cave: *s.f.* – local apropriado, com temperatura adequada, onde se guardam vinhos, alimentos ou charutos.

Caviar d'aubergine: *s.m.* – pasta de berinjela.

Caviar: *s.m.* – ovas de peixe, em geral de esturjão, em conserva.

Cayenne: *s.m.* – pimenta de caiena: pimenta vermelha, mais suave e aromática que a pimenta dedo-de-moça.

Cédrat: *s.m.* – cidra.

Céleri: *s.m.* – aipo ou salsão.

Céleri-rave: *s.m.* – aipo-rábano: tubérculo branco, de casca irregular, usado como legume.

Cénevole (à la): *adj.* e *s.f.* – preparações que levam castanhas de Ardèche.

Cépages: *s.m.p.* – variedades de uvas vitiviníferas, cepas: merlot, pinot noir, etc.

Cèpe: *s.m.* – cogumelo silvestre grande e carnudo, de chapéu castanho.

Cerfeuil: *s.m.* – cerefólio.

Cerise: *s.f.* – cereja.

Cerise noire: *s.f.* – cereja negra.

Cerneau: *s.m.* – miolo de noz. Também se refere à noz ainda verde.

Cerner: *v.t.* – marcar, fazer pequena incisão.

Cervelas: *s.m.* – embutido de carne de porco e alho, ou de peixe e frutos do mar.

Cervelles: *s.f.p.* – miolos, geralmente de vitela ou carneiro.

Chabichou du Poitou: *s.m.* – queijo *AOC*, de leite de cabra e casca mofada, em formato cilíndrico, produzido na região de Poitou-Charentes.

Chablis: *s.m.* – queijo de leite de cabra, da região de Poitou-Charentes, que é a mais importante em criação caprina. É também um famoso vinho branco (ver apêndice).

Chablonner: *v.t.* – aplicar camada de chocolate fundido sobre biscoitos para evitar que se quebrem ao serem embebidos.

Chair: *s.f.* – carne; a porção de carne de ave ou de boi.

Chambarand: *s.m.* – queijo meio prensado, de leite de vaca cru, massa mole e casca lavada, fabricado pelos monges trapistas da Abadia de Chambarand, na região dos Alpes franceses.

Chambérat Fermier: *s.m.* – queijo de leite de vaca, da região do Auvergne, da família St. Nectaire. É produzido em fazendas, como antigamente. Sua massa é bastante leve e de cor salmão-claro.

Chambrer: *v.t.* – deixar o vinho ou outra bebida com a temperatura *da chambre* (quarto) – em torno de 18º C.

Champagne: *s.m.* – vinho espumante da região da Champagne, preparado com uvas e métodos tradicionais (ver apêndice sobre vinhos).

Champenois(e): *adj.* – originário(a) da região de Champagne.

Champêtre: *adj.* – campestre, rústico. Prato de apresentação simples, caseira, misturando vários ingredientes.

Champignon: *s.m.* – cogumelo.
– *Sauvage* ou *de bois*: cogumelos silvestres, da floresta.
– *De Couche* ou *de Paris*: cogumelos cultivados. Ver *psalliote*.

Champignons à la grecque: *s.m.p.* – cogumelos-de-paris cozidos em água, sal e limão, temperados com azeite de oliva, pimenta-do-reino e ervas e servidos como aperitivo frio.

Chanterelle: *s.f.* – cogumelo silvestre, amarelo-claro, com chapéu ondulado e bordas irregulares. *Girolle*.

Chantilly: *s.m.* – creme de leite batido com açúcar.

Chaource: *s.m.* – queijo *AOC*, de leite de vaca, de massa mole e casca mofada, da região da Bourgogne. Possui um suave aroma de cogumelos e um sabor delicado ligeiramente frutado.

Chapeau: *s.m.* – pão pequeno e redondo, que tem no alto uma bola menor, formando um pequeno "chapéu".

Chapelure: *s.f.* – farinha de rosca, de pão torrado.

Chapon: *s.m.* – capão, frango capado.

Chapon de mer: *s.m.* – peixe do Mediterrâneo, da família da *rascasse* ou peixe-escorpião.

Charbon: *s.m.* – carvão.

Charcuterie: *s.f.* – charcutaria: embutidos (ou enchidos), frios, queijos, linguiças, defumados, patês, salames, salsichas, terrines. É também o nome da loja que vende esses produtos.

Charcutière: *s.f.* – molho de cebolas picadas, caldo de carne e vinho branco.

Chariot (de dessert): *s.m.* – carrinho (de sobremesas).

Charlotte: *s.f.* – sobremesa enformada, preparada com camadas de bolacha champagne e creme, servida gelada. É também uma compota assada de frutas, servida com fatias quentes de pão branco com manteiga.

Charolais: *adj.* e *s.m.* – charolês (gado). Raça de boi que produz carne e leite de alta qualidade. Também é nome de um queijo produzido com esse leite na região da Bourgogne.

Chartreuse: *s.f.* – licor preparado com mais de 130 tipos de flores, ervas e especiarias, álcool e açúcar, feito pelos monges Chartreux, de Chartreuse, nos Alpes franceses. É bastante alcoólico e pode ser servido como digestivo. É também um prato elaborado com perdiz e repolho, criado por Antonin Carême, servido como entrada.

Chasse: *s.f.* – caça.

Chasseur: *s.m.* – caçador. É também o nome do "molho a caçador": *champignons* refogados com *échalotes,* tomates e ervas, e reduzido em vinho branco.

Châtaigne: *s.f.* – fruto comestível do castanheiro; castanha do tipo portuguesa, menor que o *marron*.

Châtaigne d'eau: *s.f.* – raiz comestível de plantas aquáticas.

Chateaubriand ou Châteaubriand: *s.m.* – bife alto de filé. Pode ser preparado com molho *béarnaise*, ou com *poivre vert*, e servido com batatas *sautées*. Tradicionalmente, o molho que acompanha o filé tem o mesmo nome: leva *fond brun* de carne, manteiga, *échalotes*, vinho branco e ervas.

Chaud(e): *adj.* – quente ou morno(a).

29

Chaudeau: *s.m.* – gemada.

Chaud-froid: *s.m.* – preparação de carne fria, de peixe, ave ou outra qualquer, recoberta por molho e depois por gelatina salgada decorada (*aspic*).

Chaudins: *s.m.* – intestino grosso de porco, usado para fazer embutidos.

Chaudrée: *s.f.* – prato de peixe e/ou frutos do mar, ensopados com batatas, vinho branco, cebolas e manteiga.

Chaudron: *s.m.* – caldeirão.

Chauffer: *v.t.* – esquentar, aquecer (alimentos).

Chausson: *s.m.* – espécie de pastel semicircular, de massa folhada, com recheio doce ou salgado.

Chayote ou Chaïote: *s.f.* – chuchu. *Chouchou* ou *christophine*.

Chemise (en): *s.f.* – "(em) camisa": envolto ou enrolado em massa.

Chemiser: *v.t.* – revestir as laterais de uma fôrma ou de um recipiente.

Chevalier: *s.m.* – espécie de galinha pequena e pernalta.

Chevalière (à la): *adj.* e *s.f.* – se refere a duas preparações diferentes, elaboradas e decorativas, uma de linguado e outra de ovos.

Chèvre: *s.f.* – cabra. Também se refere aos queijos de cabra em geral.

Chevreau ou Cabri: *s.m.* – cabrito.

Chevreuil: *s.m.* – bode, cabrito-montês.

Chevrotin: *s.m.* – queijo *AOC*, de leite de cabra, da região da Savoie, de sabor levemente adocicado.

Chiboust: *s.m.* – *crème pâtissière* acrescido de claras em neve. É o nome de seu criador, um famoso *pâtissier* parisiense do século XIX.

Chicorée: *s.f.* – chicória.

Chicorée de Vérone: *s.f.* – ou *trévise,* ou *trévisette*: *radicchio,* chicória repolhuda de sabor picante, de cor branca e roxa.

Chicorée frisée: *s.f.* – chicória crespa.

Chicorée Witloof: *s.f.* – ver *endive.*

Chiffonade: *s.f.* – verduras, cebola ou ervas frescas, cortadas *à julienne*.

Chinchard: *s.m.* – peixe de oceano, semelhante à manjuba, muito usado para sopas ou ensopados. Carapau.

Chinois: *s.m.* – peneira de malha muito fina, em formato de chapéu chinês.

Chipiron: *s.m.* – do basco: lula pequena ou *encornet*.

Chipolata: *s.f.* – pequena linguiça crua, de 2cm de diâmetro, de carne de porco em tripa de carneiro.

Chiqueter: *v.t.* – fazer pequenas incisões, em geral nas bordas da massa folhada.

Chocolat: *s.m.* – chocolate.

Chocolat amer: *s.m.* – chocolate amargo.

Chocolat au lait: *s.m.* – chocolate ao leite.

Chocolat blanc: *s.m.* – chocolate branco.

Chocolat liégeois: *s.m.* – chocolate gelado, misturado com creme de leite batido ou sorvete.

Chocolat mi-amer: *s.m.* – chocolate meio amargo.

Chocolat noir: *s.m.* – o mesmo que *chocolat amer*.

Choix (au): *s.m.* – à escolha; escolhido entre várias opções.

Choron (sauce): *s.m.* – (molho) *béarnaise* misturado com purê de tomates.

Chou: *s.m.* – repolho ou couve.

Chou à grosses côtes: *s.m.* – couve tronchuda.

Chou-bruxelles: *s.m.* – couve-de-bruxelas.

Chou cavalier: *s.m.* – couve-galega.

Chou chinois: *s.m.* – acelga.

Chouchou: *s.m.* – chuchu. É também chamado de *chayotte* ou *christophine*.

Choucroute: *s.f.* – chucrute: repolho fermentado e cozido em vinagre e especiarias. Também é o nome de um prato de origem franco-alemã, com joelho de porco, toucinho, salsichas, embutidos e batatas, muito popular na Alsace.

Chou-fleur: *s.m.* – couve-flor.

Chou-frisé: *s.m.* – escarola.

Chou-navet: *s.m.* – couve-nabo: variedade de couve com aspecto de nabo.

Chou-pommé: *s.m.* – repolho.

Chou romanesco: *s.m.* – couve-flor esverdeada.

Chou-rouge: *s.m.* – repolho roxo.

Chou-vert: *s.m.* – couve-lombarda.

Choux (pâte à): *s.m.p* – massa de bomba, carolina, *éclair*.

Christophine: *s.f.* – ver *chouchou*.

Ciboule: *s.f.* – cebolinha verde.

Ciboulette: *s.f.* – cebolinha-francesa (mais fina que a cebolinha). *Civette*.

Cidre: *s.m.* – sidra: bebida obtida a partir da fermentação de suco de maçã ou pera.

Cinq parfums (les): *s.m.p* – os cinco aromas: uma mistura de pimenta de Sichuan, cominho, coentro, raspas de casca de frutas, alcaçuz, canela e anis estrelado. Às vezes leva cravo-da-índia. É bastante usado em comida vietnamita.

Ciselé(e): *adj.* e *p.pas.* – em geral, repolho ou cebola cortados em tiras finas.

Ciseler: *v.t.* – Fazer cortes pequenos e profundos sobre carne ou peixe para que possam absorver melhor o tempero. Cortar ervas ou verduras com uma tesoura.

Citron: *s.m.* – limão tipo siciliano.

Citron rouge: s.m. – limão rosa.

Citron vert: *s.m.* – limão tipo tahiti.

Citronnade: *s.f.* – limonada.

Citronnelle: *s.f.* – erva-cidreira. *Mélisse*.

Citrouille: *s.f.* – moranga.

Civelles: *s.f.p.* – enguias minúsculas, típicas da costa da Bretagne e da Espanha, geralmente passadas em sal, limão, pimenta e farinha, e depois fritas e servidas como aperitivo. São também chamadas de *pibales*.

Civet: *s.m.* – ensopado de carne de caça, engrossado com o próprio sangue. Carne de caça ao molho pardo.

Civette: *s.f.* – ver *ciboulette*.

Clafoutis: *s.m.* – torta tradicional da região de Limousin, feita com cerejas negras inteiras, cobertas com massa de ovos batidos com leite, açúcar, baunilha e farinha, e assada. É servida quente, salpicada com açúcar. Quando é feita com queijo (salgada) ou com peras é chamada de *flognarde*.

Claires: *s.f.p.* – ostras; ou como são chamadas as ostras que foram criadas em *claires* – leitos de criação em pântanos salgados, onde as ostras ficam engordando vários meses até estarem prontas para consumo.

Clamart: *s.f.* – preparação que leva guarnição de ervilhas, inteiras ou em purê.

Clarifier: *v.t.* – clarificar, tornar límpido, filtrar, retirar impurezas. Separar as claras das gemas. Aquecer a manteiga para separar a gordura branca que forma uma espécie de espuma por cima.

Clémentine: *s.f.* – pequena tangerina, originária do Marrocos.

Clermont: *s.m.* – preparações que levam repolho ou castanhas.

Clous: *s.m.p.* – no sentido literal: prego. Espécie de molusco com as conchas alongadas como prego.

Clous de girofle: *s.m.p.* – cravo-da-índia.

Clouté: *adj.* e *part.pas.* – guarnecido com cravos-da-índia ou com *clous*.

Clovisse: *s.f.* – molusco também chamado de *palourde*: amêijoa, berbigão, cernambi.

Cocade: *s.f.* – espécie de cocada mole, feita com mel e amêndoas e calda de caramelo.

Cochon de lait: *s.m.* – porco de leite, leitãozinho, bacorinho.

Cochonnailles: *s.f.p.* – embutidos e patês produzidos com carne de porco.

Coco: *s.m.* – fruto do coqueiro.

Cocotte: *s.f.* – caçarola ou panela com tampa e duas abas. *Marmite*, *faitout* ou *fait-tout*.

Cocotte-minute: *s.f.* – panela de pressão. *Auto-cuiseur*.

Coeur: *s.m.* – coração.

Coeur d'artichaut: *s.m.* – coração de alcachofra.

Coeur d'entrecôte: *s.m.* – corte de carne de boi: vazio.

Coeur de filet: *s.m.* – a parte mais grossa e melhor do filé mignon, usada no corte em *chateaubriand*.

Coeur de palmier: *s.m.* – palmito. Ver *palmite*.

Coeur de rumsteck: *s.m.* – corte de carne de boi: miolo de alcatra.

Coffret: *s.m.* – no sentido literal: caixinha. É uma massa folhada cortada em formato de caixinha e assada, usada para abrigar recheios doces e salgados.

Coing: *s.m.* – marmelo.

Cointreau: *s.m.* – licor de laranjas amargas.

Cognac: *s.m.* – conhaque: destilado do bagaço de uvas.

Colbert: *s.m.* – molho feito com cebola picada, caldo de carne, pimenta em grãos, vinho branco e suco de limão.

Colin: *s.m.* – abrótea, peixe de mar de aspecto e sabor semelhantes ao bacalhau.

Coller: *v.t.* – acrescentar gelatina.

Coloquintes: *s.f.p.* – abóboras pequenas, em formato

de moranga, de cores diversas, usadas também como ornamento de pratos.

Colbert: *s.m.* – peixe empanado, servido com manteiga *maître d'hotel*. É também o nome de um molho para carnes, de um *consommé* de frango, e de uma sobremesa de damascos.

Colvert: *s.m.* – espécie de pato selvagem que possui um "colar" verde no pescoço.

Colza: *s.m.* – canola.

Compote: *s.f.* – compota.

Comté: *s.m.* – queijo *AOC*, de leite de vaca, da região de Franche-Comté, de massa cozida e prensado em peças de 40kg. É um dos queijos mais vendidos do mundo.

Concassé: *adj.* e *part.pas.* – amassado; quebrado; grosseiramente picado.

Concombre: *s.m.* – pepino.

Condé: *s.m.* – que leva guarnição de purê de feijões.

Confire: *v.t.* – confinar, conservar, preparar um alimento em *confit*.

Confiserie: *s.f.* – confeitos, guloseimas: pastilhas doces, gomas, balas, frutas cristalizadas, caramelos, bombons, etc.

Confit(e): *adj.* e *p.pas.* – conserva. Curtido, temperado, conservado. Pedaços de carne de porco ou aves (pato, ganso, galinha), cozidos e conservados na própria gordura do animal dentro de potes de vidro. Para servir, são aquecidos e dourados na própria gordura da conserva. Pode ser também conserva de frutas e verduras em açúcar, álcool, vinagre ou azeite.

Confiture: *s.f.* – geleia.

Confiture de Vieux Garçon: *s.f.* – várias frutas frescas maceradas em álcool.

Congeler: *v.t.* – congelar.

Congre: *s.m.* – congro: grande peixe de mar, que se parece com a enguia, muito utilizado em ensopados de peixe.

Consommé: *s.m.* – caldo claro de carne ou ave, cozido por horas, com temperos e legumes, e passado em peneira fina.

Contre-filet ou Faux filet: *s.m.* – contrafilé. Pode ser amarrado para ser assado inteiro (geralmente o miolo do contrafilé) ou pode ser cortado em bifes altos para grelhar.

Copeaux: *s.m.p.* – aparas ou lascas, de legumes, frutas (coco) ou de chocolate.

Coq: *s.m.* – galo.

Coq au vin: *s.m.* – galo ensopado em molho de vinho tinto e cogumelos. Este é um prato típico da Bourgogne, e em um mundo ideal, seria temperado com um bom Bourgogne tinto e servido com o mesmo vinho.

Coque: *s.f.* – crustáceo, semelhante à vieira e menor que esta, com a concha arredondada e sabor suave. É também uma base para *pâtisserie* feita com merengue.

Coque (à la): *s.f.* – ovo quente. Ovo pouco cozido, com a gema mole, que se come dentro da casca. Qualquer alimento servido na própria concha ou casca.

Coquelet: *s.m.* – galeto.

Coqueret: *s.m.* – ver *physalis*.

Coquillage: *s.m.* – crustáceos, moluscos.

Coquille: *s.f.* – concha.

Coquille Saint-Jacques: *s.f.* – vieira.

Corail: *s.m.* – a parte cor de coral das vieiras, lagostas e do camarão.

Corbeille: *s.f.* – cesta; no formato de uma cesta.

Coriandre: *s.f.* – coentro. *Persil arabe*.

Corner: *v.t.* – usar um pequeno funil de papel para decorar com glacê, chocolate derretido, molhos consistentes, etc.

Cornichon: *s.m.* – pepininho, em geral em conserva; picles de pepininhos.

Corniottes: *s.f.p.* – pastéis de queijo.

Corser: *v.t.* – reforçar o gosto com algo picante ou especiarias.

Côte: *s.f.* – costela.

Côtelette: s.f. – costeleta.

Cotriade: *s.f.* – espécie de *bouillabaisse* tradicional da Bretagne. É preparada com celolas refogadas em gordura salgada ou manteiga, depois é acrescentado um leito de batatas em rodelas e os peixes que podem ser atum, cavala, sardinhas, etc., temperados com ervas.

Cou de canard farci: *s.m.* – enchido feito com a pele do pescoço do pato, carnes de pato e condimentos.

Cou d'oie farci: *s.m.* – enchido feito com a pele do pescoço do ganso, carnes de ganso e condimentos.

Coucher: *v.t.* – "deitar" a massa com auxílio do saco de confeitar.

Coucouchelles: *s.f.p.* – espécie de lasanha de legumes (abobrinha e berinjela) e carnes moídas com molho de tomate.

Coucourelle: *s.f.* – variedade de figo pequeno e vermelho interiormente.

Coucouron: *s.m.* – queijo de leite de vaca do tipo de veios azuis, suave, fabricado na região de Ardèche.

Couenne: *s.f.* – pele ou couro.

Coulemelle ou Lépiote: *s.f.* – cogumelo grande, de caule fino e alto, e chapéu bege com manchas marrons, que atinge de 10 a 25cm de diâmetro. São ótimos crus, em salada.

Coulibiac: *s.m.* – pastéis russos, servidos quente, em geral recheados com salmão e cobertos com massa de brioche, como uma empada.

Coulis: *s.m.* – purê ou suco espesso, de verduras ou frutas, cruas ou cozidas, em geral usado como molho para pratos doces ou salgados.

Coulommiers: *s.m.* – queijo semelhante ao camembert e ao brie, originário da cidade de Coulommiers.

Coupe: *s.f.* – xícara ou taça. É o prato servido numa taça, como um sorvete ou sobremesa cremosa.

Couperet: *s.m.* – cutelo.

Courge: *s.f.* – abóbora.

Courge jaune: *s.f.* – abobrinha tipo italiana, amarela.

Courgette: *s.f.* – abobrinha.

Couronne: *s.f.* – no sentido literal: coroa. É um pão ou bolo, feito em forma de anel ou coroa.

Court-bouillon: *s.m.* – água, sal e temperos em fervura, para cozinhar peixes. *Court-bouillon avec légumes* leva também cenoura e outros legumes.

Couscous: *s.m.* – farinha grossa de semolina ou trigo duro, usada para fazer um prato originário do Marrocos, o *couscous marocain*: a farinha é cozida no vapor e acompanhada de verduras cozidas, carnes refogadas, molho quente, grão-de-bico e passas.

Cousinette: *s.f.* – sopa béarnaise à base de folhas de legumes verdes, despejada sobre fatias finas de pão torrado.

Couteau: *s.m.* – faca.

Couvercle: *s.m.* – tampa de panela, de caçarola, etc.

Couvert: *s.m.* – termo usado em restaurantes para designar o serviço de mesa para uma pessoa: prato, talher, copo e guardanapo.

Couverture: *s.f.* – cobertura. Chocolate usado para acabamento de bolos e bombons.

Crabe: *s.m.* – caranguejo.

Crapaudine: *s.f.* – *crapaud* quer dizer sapo. Em uma preparação *à crapaudine*, sempre de aves (pombo, galeto, codorna, etc), a ave é desossada, marinada e colocada inteira em um espeto para assar, o que faz lembrar o formato de um sapo.

Crécy: *s.f.* – variedade de cenoura. Pode ser também uma guarnição de cenoura ou prato à base de cenoura.

Crème: *s.f.* – creme. Creme de leite, nata.

Crème aigre: *s.f.* – creme de leite azedo.

Crème anglaise: *s.f.* – creme inglês: creme preparado com leite, baunilha, açúcar e gemas.

Crème brûlée: *s.f.* – sobremesa deliciosa feita de um pudim de creme cozido, coberto com açúcar caramelado com maçarico.

Crème caramel: *s.f.* – pudim de leite condensado.

Crème chantilly: *s.f.* – creme de leite batido com açúcar.

Crème de cassis: *s.f.* – licor de groselha preta.

Crème de riz: s.f. – creme de arroz.

Crème de tartre: *s.f.* – cremor de tártaro.

Crème fouettée: *s.f.* – creme batido ou *chantilly*.

Crème fraîche: *s.f.* – creme de leite fresco mais espesso que o comum, levemente azedo.

Crème pâtissière: *s.f.* – creme de confeiteiro; creme de baunilha, gemas, leite e açúcar, espessado com amido de milho ou farinha e usado para recheio de bolos e *pâtisserie*.

Crème plombières: *s.f.* – creme usado para recheio de doces e bolos, elaborado com frutas e claras de ovos.

Crémer: *v.t.* – dar consistência de creme.

Crèmerie: *s.f.* – local onde se vendem leite e derivados.

Crêpe: *s.f.* – panqueca fina.

Crêperie: *s.f.* – restaurante pequeno, de refeição rápida, especializado em crepes.

Crêpes Suzette: *s.f.p.* – sobremesa tradicional feita com *crêpes* regados com calda de laranja com manteiga e licor *Grand Manier*.

Crépine: *s.f.* – capa fina de gordura, como uma renda, que recobre o estômago do boi ou do porco.

Crépinette: *s.f.* – espécie de croquete, de carne, recheada ou não, envolto em *crépine* e assado ou frito.

Cresson: *s.m.* – agrião.

Cressonade: *s.f.* – molho de agrião.

Cressonière (à la): *s.f.* – preparações à base de agrião.

Crête (de coq): *s.f.* – crista (de galo).

Creuse: *s.f.* – ostra alongada, de concha crespa, do tipo portuguesa ou do Pacífico.

Creuser: *v.t.* – fazer um buraco no meio da farinha ou da massa.

Crever: *v.i.* – tirar o amido do arroz, passando-o pela água fria no meio do cozimento.

Crevette: *s.f.* – camarão.

Crevette grise: *s.f.* – camarão cinzento pequeno e de carne macia, que permanece cinza após o cozimento.

Crevette rose: *s.f.* – camarão rosa pequeno. Quando grande, é chamado de *bouquet*.

Cribler: *v.t.* – peneirar com peneira de malha grossa.

Criste-marine: *s.f.* – algas marinhas carnudas, que crescem sobre rochedos e são comestíveis; também chamadas de *perce-pierre* ou *passe-pierre*.

Croquant(e): *adj.* – crocante.

Croque-au-sel: *loc.adv.* – alimento cru, servido com sal e manteiga fresca.

Croque-madame: *s.m.inv.* – sanduíche gratinado. Leva recheio de presunto e queijo, e queijo ralado e um ovo por cima.

Croque-monsieur: *s.m.inv.* – sanduíche gratinado, de queijo e presunto, com queijo ralado por cima, geralmente *emmental*.

Croquembouche: *s.m.* – *pièce montée* de carolinas recheadas com creme e caramelizadas.

Croquette: *s.f.* – croquete.

Croquignole: *s.f.* – ver *beignet soufflé*.

Crottin de Chavignol: *s.m.* – pequeno queijo de cabra, *AOC*, em forma de bola achatada, fabricado na região de Sancerre, no Loire.

Croustade: *s.f.* – tipo de preparação em que o prato é envolto em massa crocante, geralmente em pequenas porções. É também uma torta típica do Midi-Pyrénées com recheio de ameixas secas e/ou maçãs.

Croustillant(e): *adj.* – crocante, que estala quando se come.

Croûte (en): *s.f.* – (em) crosta; prato envolto em massa crocante.

Croûte de sel (en): *s.f.* – (em) crosta de sal.

Croûte dorée: *s.f.* – tipo de pão doce feito com ovos e manteiga e salpicado com canela e açúcar.

Croûtons: *s.m.p.* – cubinhos, ou pedaços recortados de pão, torrados ou fritos na manteiga.

Cru(e): *adj.* – cru(a).

Cruchade: *s.f.* – angu feito de farinha de milho cozida em água ou leite, cortado em pedaços depois de frio, e frito. Prato tradicional do sudoeste francês. Semelhante à polenta frita.

Crudités: *s.f.p.* – verduras cruas, geralmente em salada.

Crustacés: *s.m.p.* – crustáceos.

Cube pot-au-feu: *s.m.* – cubinhos de caldo concentrado para sopas, etc.

Cuico: *s.m.* – guarnição para carnes e peixes, tipo salada, feita com uma mistura de cenouras, lentilhas e quinoa (70%).

Cuillère ou cuiller: *s.f.* – colher.

Cuire: *v.t.* – cozinhar; assar.

Cuire à blanc: *v.t.* – pré-assar massa de torta aberta, sem recheio, deixando a massa semiassada, para receber o recheio e terminar de assar.

Cuisine: *s.f.* – cozinha.

Cuisinière: *s.f.* – cozinheira. Fogão.

Cuisse: *s.f.* – coxa, em geral de aves.

Cuisse de Grenouille: *s.f.* – coxa de rã.

Cuisseau: *s.m.* – parte da vitela que compreende a coxa e a região do quadril.

Cuisson: *s.f.* – cozimento.

Cuissot: *s.m.* – pernil traseiro de vitela, veado ou javali.

Cuit(e): *adj.* e *p.pas.* – cozido(a).

Cul: *s.m.* – pernil ou traseiro, em geral de carne vermelha.

Cul-de-poule: *s.m.* – espécie de saladeira, em geral de inox, usada para misturar os ingredientes de uma preparação.

Culotte: *s.f.* – alcatra (em geral de boi) ou *rumsteck*.

Culotter: *v.t.* – aderir formando um abcesso. É também queimar o fundo da panela para uma preparação ou caramelizar uma fôrma.

Cumin: *s.m.* – cominho.

Curcuma: *s.m.* – cúrcuma. *Safran des indes*.

Curcumine: *s.f.* – colorante alimentício à base de cúrcuma.

Cure-dents: *s.m.* – palitos de dentes.

Curé Nantais: *s.m.* – chamado também de *Fromage du Curé* (queijo do padre), ou *Nantais*; é um queijo de leite de vaca, de massa mole e casca lavada, em geral redondo, mas também encontrado em forma quadrada. Foi inventado no século XVIII por um padre da região do Loire.

Curry, Cari, Cary ou Carry: *s.m.* – curry, caril.

D

Dame Blanche: *s.f.* – sorvete de baunilha com *crème chantilly* e calda de chocolate ou de frutas.

Danicheff: *s.m.* – espécie de salada composta de uma *julienne* de fundo de alcachofra, *champignon* cru e aipo-rábano, com batatas cozidas em rodelas e pontas de aspargos, temperada com maionese e decorada com ovos cozidos, trufas e cauda de camarões.

Dariole: *s.f.* – é, geralmente, um prato doce ou salgado, preparado em formato cilíndrico ou de cone.

Darne: *s.f.* – é uma posta ou fatia grossa, geralmente de salmão.

Dattes: *s.f.p.* – tâmaras.

Daube: *s.f.* – ensopado de carne de boi ou outra carne vermelha, cozido em um fundo de vinho tinto.

Daurade: *s.f.* – peixe do Atlântico e do Mediterrâneo, semelhante ao pargo, muito apreciado por sua carne saborosa.

Daurade Royale: *s.f.* – ver *pagre*.

Décaféiné: *adj., p.pas.* e *s.m.* – descafeinado.

Décanter: *v.t.* – decantar – o vinho: passar vagarosamente o líquido da garrafa para um recipiente próprio (*décanteur*) ou para uma jarra, a fim de aerar o vinho e/ou eliminar os resíduos que se depositam no fundo.

Décanteur: *s.m.* – decanter: recipiente próprio para decantar vinhos.

Décortiqué(e): *adj.* e *p.pas.* – descascado(a).

Décortiquer: *v.t.* – descascar; tirar a concha ou casca de crustáceos ou de frutas secas como amendoim, pistache e castanhas.

Décuire: *v.t.* – abaixar a temperatura, adicionando água.

Déglacer: *v.t.* – dissolver sucos que cristalizam no fundo da panela ou da assadeira com líquido; demolhar.

Dégorger: *v.t.* – deixar em água corrente; lavar para tirar impurezas. Tirar o excesso de água e amargor de berinjela, repolho ou pepino, salpicando-os com sal.

Dégraisser: *v.t.* – retirar o excesso de gordura com uma colher ou concha.

Déjeuner: *s.m.* e *v.t.* – almoço e almoçar.

Déjeuner du matin: *s.m.* – café da manhã. *Petit déjeuneur*.

Délayer: *v.t.* – misturar, diluir ou incorporar uma substância em líquido.

Délice: *s.m.* – delícia.

Délice de Bourgogne: *s.m.* – invenção do genial gastrônomo do século XVIII, Brillat-Savarin. É um queijo de massa mole e crosta branca aveludada, e é fabricado a partir de leite de vaca enriquecido com creme de leite.

Demi: *s.m.* – metade. Também é uma medida de cerveja – um copo de 250ml.

Demi-bouteille: *s.f.* – meia garrafa.

Demi-deuil: *s.m.* – prato de ave assada ou refogada com trufas pretas sob a pele e acompanhada de molho branco. É também um preparado de timo de vitela ou de caça, servido com molho branco e trufas.

Demi-glacé: *s.m.* – caldo de carne concentrado, diluído com caldo claro. Molho claro de carne, engrossado com farinha tostada.

Demi-sel: *s.m.* – queijo fresco com 2% de sal. Manteiga com pouco sal.

Démouler: *v.t.* – tirar do molde, desenformar.

Dénoyauter: *v.t.* – descaroçar.

Dépouiller: *v.t.* – retirar a pele de um animal. Retirar impurezas.

Désarêter: *v.t.* – tirar a espinha principal de um peixe.

Désossé(e): *adj.* e *p.pas.* – desossado(a).

Dessaler: *v.t.* – dessalgar.

Desséchér: *v.t.* – desidratar, secar. Deixar evaporar parte do líquido.

Détail (vente au): *s.m.* – (venda) em varejo ou por unidade.

Détendre: *v.t.* – tornar mais fraco, mais diluído, diminuir a intensidade.

Détrempe: *n.f.* – mistura de água, sal, farinha e manteiga, base para confecção de massas de tortas, etc.

Développer: *v.t.* – desenvolver. Fazer crescer, fermentar, estender.

Diable: *s.m.* – preparação de ave, com molho de pimenta e de mostarda. Também é o nome do molho.

Dieppoise (à la): *adj.* e *s.f.* – à maneira de Dieppe: leva vinho branco seco, mariscos, cogumelos, camarões pequenos e creme de leite.

Dijonnaise (à la): *adj.* e *s.f.* – à maneira de Dijon. São pratos elaborados com a famosa mostarda de Dijon.

Dinde: *s.f.* – perua.

Dindon: *s.m.* – peru.

Dindonneau: *s.m.* – peru jovem.

Dîner: *v.t.* e *s.m.* – verbo jantar e a refeição jantar.

Discrétion (à): *s.f.* – quando está no cardápio, geralmente associado ao vinho, significa que se pode consumi-lo à vontade, com moderação.

Dissoudre: *v.t.* – dissolver.

Dodine: *s.f.* – Prato composto de *aiguillettes* e coxas de pato grelhado servido com molho de sua carcassa apurado com vinho, especiarias e creme de leite.

Dorer: *v.t.* – dourar.

Dorure: *s.f.* – mistura de ovo batido, água e uma pitada de sal, para pincelar tortas e dourá-las ao forno.

Dos: *s.m.* – dorso. É também a parte mais carnuda do peixe.

Dos et ventre: *s.m.* e *s.m.* – dorso e ventre, os dois lados, a parte de cima e a de baixo.

Doser: *v.t.* – dosar.

Double: *adj.* – duplo.

Double-crème: *s.m.* e *adj.* – queijo com alto teor de gordura.

Double-gras: *s.m.* – *bonnet* ou *tripe*: dobradinha.

Doubler: *v.t.* – colocar uma assadeira sobre o assado, no forno, para não dourar demais.

Douce: *adj.* – doce, suave (para feminino).

Doucette: *s.f.* – ver *mâche*.

Douceurs: *s.f.p.* – doçuras: doces ou sobremesas.

Doux: *adj.* – doce, suave (para masculino).

Dragées: *s.f.p.* – confeitos de amêndoas envoltas em açúcar colorido.

Dresser: *v.t.* – arrumar; alinhar harmoniosamente.

Dubarry ou Du Barry: *s.f.* – com guarnição à base de couve-flor.

Dugléré: *s.m.* – molho preparado com base de farinha de trigo, manteiga, *échalotes*, vinho branco, tomates e salsinha.

Dur(e): *s.m.* e *f.*: duro(a); cozido (oeuf dur).

Duxelles: *s.f.* – cogumelos e *échalotes* picados e refogados em manteiga, acrescidos de creme de leite.

E

Eau: *s.f.* – água. Também pode significar aguardente (*eau-de-vie*).

Eau de fleur d'oranger: *s.f.* – água de flor de laranjeira.

Eau de noix: *s.f.* – espécie de licor de nozes, com alto teor alcoólico.

Eau-de-vie: *s.f.* – aguardente, de frutas, de vinho, de cereais.

Eau du robinet: *s.f.* – água da torneira.

Eau gazeuse: *s.f.* – água gasosa.

Eau minérale: *s.f.* – água mineral.

Eau plate: *s.f.* – água natural, sem gás.

Ébarber: *v.t.* – eviscerar; limpar conchas ou peixes; aparar. Tirar as pontas desiguais de rocamboles, etc.

Écailles: *s.f.* – escamas.

Écailler: *v.t.* – escamar peixe. – *s.m.* – também pessoa que abre ou vende ostras.

Échalote: *s.f.* – cebolinha miúda, branca ou roxa, de sabor mais acentuado que a cebola.

Échauder: *v.t.* – escaldar.

Échine: *s.m.* – costeleta de porco.

Échiquier: *s.m.* – literalmente: tabuleiro de xadrez. Significa bolo ou outro prato cortado em quadrados.

Ecir de l'Aubrac: *s.m.* – queijo de leite de vaca produzido em uma fazenda familiar em Aubrac, no Midi-Pyrénées, desde 1987. É um pequeno queijo redondo de massa amarelada macia e crosta branca aveludada. Tem sabor leve e adocicado.

Éclair: *s.m.* – bomba. Doce feito com massa de carolinas recheado com chocolate, creme pâtissière, praline, creme de café, etc.

Écorce: *s.f.* – casca de fruta.

Écorcer: *v.t.* – tirar a casca da fruta.

Écrémé(e): *adj.* e *p.pas.* – desnatado(a).

Écrémer: *v.t* – retirar a nata (creme) do leite.

Écrevisse: *s.f.* – camarão de água doce, semelhante ao pitu.

Écumer: *v.t.* – retirar a espuma que se forma na superfície de líquidos em ebulição; escumar.

Écumoire: *s.f.* – escumadeira.

Édulcorer: *v.t.* – adoçar com açúcar ou adoçante artificial.

Effiler: *v.t.* – cortar em lâminas; laminar.

Effiloché: *adj.* e *p.pas.* – desfiado; cortado em fatias finas.

Églefin: *s.m.* – ver *aiglefin* ou *morue noir*.

Égoutter: *v.t.* – escorrer.

Égrapper: *v.t.* – destacar os bagos do cacho: de uvas, de groselhas, etc.

Émietter: *v.t.* – reduzir a migalhas, esmigalhar.

Émincé: *s.m., adj.* e *p.pas.* – cortado bem fino; fatia bastante fina de carne.

Émincer: *v.t.* – cortar em fatias bem finas.

Emmenthal ou Emmental: *s.m.* – queijo originário da região de Emme, na Suíça, também fabricado em muitas regiões francesas. É produzido em peças grandes, de 75kg, nos Alpes franceses, com leite de vaca cozido e prensado.

Émonder: *v.t.* – pelar (retirar pele de amêndoas, tomates, etc.).

Émulsionner ou Émulsifier: *v.t.* – emulsionar.

Encornet: *s.m.* – pequena lula do Pays Basque, chamada também de *chipiron*.

Endive, Endive chicon ou Chicorée Witloof: *s.f.* – chicória lisa, pequena e bojuda, de cor clara; endívia.

Enduire: *v.t.* – untar com gordura.

Enlever: *v.t.* – tirar, retirar.

Enrober: *v.t.* – envolver, embrulhar.

Entrecôte: *s.f.* – bisteca de boi.

Entrecôte Marchand de Vin: *s.f.* – bisteca preparada com molho de vinho tinto e *échalotes*.

Entrées: *s.f.p.* – entradas.

Entremets: *s.m.p.* – doces; sobremesas.

Épaule: *s.f.* – pernil dianteiro de boi, vitela, cordeiro, cabrito ou porco. Paleta.

Épazote ou Thé du Mexique: *s.m.* – mastruço, mentruz, mastruz.

Épépiner: *v.t.* – tirar as sementes.

Éperlan: *s.m.* – eperlano: peixe da família do salmão e semelhante à truta.

Épi: *s.m.* – literalmente: espiga. Designa um formato de *baguette* com mais côdea e menos miolo, que lembra uma espiga de trigo.

Épi de maïs: *s.m.* – espiga de milho.

Épices: *s.f.p.* – temperos, especiarias, condimentos.

Épicé(e): *adj.* e *p.pas.* – temperado(a), condimentado(a).

Épinard: *s.m.* – espinafre.

Épluche-légumes ou Éplucheur: *s.m. inv.* – descascador.

Éplucher: *v.t.* – descascar.

Époisses de Bourgogne: *s.m.* – queijo de leite de vaca, *AOC*, de massa mole, e crosta alaranjada lavada com *Marc de Bourgogne*.

Éponger: *v.t.* – enxugar.

Équeuter: *v.t.* – retirar talos ou caudas.

Érable: *s.m.* – bordo.

Escalope: *s.f.* – carnes (vitela, frango ou peixe) cortadas em bifes finos.

Escargot: *s.m.* – molusco terrestre, caracol.

Escargot à la Bourguignonne: *s.m.* – caracol preparado com manteiga *à bourguignone*: manteiga, sal, alho e salsa. É levado ao forno forte para assar até borbulhar a manteiga e é servido bem quente.

Escargot de mer: *s.m.* – ver *bigorneaux*.

Escargot Petit-gris: *s.m.* – caracol pequeno.

Escargotière: *s.f.* – prato próprio para servir escargots, com áreas côncavas para acomodar os caracóis.

Escavèche: *s.f.* – escabeche: preparado com sardinhas ou *rouget*, dourados no azeite e depois marinados em vinagre e ervas e mantidos em geladeira por um ou dois dias. São servidos como aperitivo frio, acompanhados de pão.

Espadon: *s.m.* – peixe-espada.

Essoreuse: *s.f.* – secador de saladas.

Estofinade ou Estofinado: *s.f.* – prato tradicional provençal. É um ensopado de bacalhau seco cozido em óleo de nozes, com ovos, alho e creme de leite.

Estouffade ou Étouffade: *s.f.* – é basicamente um ensopado, de carne, de legumes, de peixe, preparado com vinho branco ou tinto, cogumelos e cebolas, com outros ingredientes ou temperos, mas sempre em panela bem fechada e com cozimento lento.

Estragon: *s.m.* – estragão.

Esturgeon: *s.m.* – esturjão.

Étaler: *v.t.* – espalhar.

Été (d'): *s.m.* – (de) verão.

Étendre: *v.t.* – estender; diluir.

Etorki: *s.m.* – queijo de leite de ovelhas de cabeça preta, do Pays Basque, de massa mole e casca escura.

Étouffer: *v.t.* – cozinhar no vapor, em recipiente fechado.

Étrille: *s.f.* – caranguejo pequeno.

Étuvé(e): *adj.* e *p.pas.* – cozido no próprio caldo. Assado dentro de uma caçarola, em forno. Seco em estufa.

Étuver: *v.t.* – colocar em estufa.

Éventail (en): *s.m.* – em formato de leque. É um tipo de apresentação do prato ou guarnição.

Évider: *v.t.* – tirar o miolo.

Express: *adj.* e *s.m.* – café expresso.

Exprimer: *v.t.* – espremer.

Exquis(e): *adj.* – que produz a mais delicada impressão por seu charme particular; delicioso(a).

F

Façon de (à la): *s.f.* – (ao) modo ou maneira de.

Façonner: *v.t.* – dar forma.

Faisan: *s.m.* – faisão.

Faisane: *s.f.* – faisoa, fêmea do faisão, menor e mais saborosa que o macho. *adj.* – galinha tipo faisoa.

Faisander: *v.t.* – deixar carnes de caça em processo de apodrecimento, para amaciar e dar um sabor particular à carne. Não é uma prática muito usada atualmente e deixa a carne pouco digestiva. Ver *mortifier*.

Faisselle: *s.f.* – recipiente no qual o queijo é colocado para escorrer. É também o nome de um queijo fresco, cremoso, de leite de vaca, cabra ou ovelha, feito em várias regiões da França.

Faitout ou Fait-tout: *s.m.inv.* – ver *cocotte*.

Falette: *s.f.* – prato tradicional do Auvergne: peito de carneiro recheado, refogado com cebolas e cenouras, depois assado e servido em fatias, com feijão-branco.

Far: *s.m.* – tipo de pudim da Bretagne, com uvas secas e ameixas.

Farandole: *s.f.* – carrinho de sobremesas e/ou de queijos.

Farce: *s.f.* – recheio.

Farci(e): *adj.* e *p.pas.* – recheado(a). Usa-se este termo em geral para salgados.

Farder: *v.t.* – pincelar, para dar coloração.

Farine: *s.f.* – farinha.

Farine à gâteaux: *s.f.* – farinha de trigo mole, própria para bolos.

Farine de blé: *s.f.* – farinha de trigo. A farinha comum, de trigo mole e de coloração acinzentada. É chamada de *farine de blé ordinaire*.

Farine de boulangerie: *s.f.* – farinha de trigo duro, própria para panificação.

Farine de gruau: *s.f.* – farinha de trigo mole, bem branca, mais leve que a *ordinaire (*ver *farine de blé)*, usada para preparações mais sofisticadas.

Farine levante: s.f. – farinha de trigo com fermento.

Farine de son: *s.f.* – farinha de farelo de cereais. Contém muitas fibras.

Faubonne: *s.m.* – sopa creme de feijão-branco ou ervilhas, decorada com legumes cortados em *julienne* e passados na manteiga.

Faux-filet: *s.m.* – contrafilé. Ver também *contre-filet*.

Favouilles: *s.f.p.* – pequenos caranguejos verdes.

Fécule: *s.f.* – fécula.

Fécule de maïs: *s.f.* – maizena: amido de milho.

Fenouil, Fenouil de Florence ou Aneth doux: *s.m.* – erva-doce de bulbo, funcho. O bulbo é usado em saladas e sopas.

Fenouil bâtard: s.m. – aneto, endro.

Fenugrec: *s.m.* – planta forrageira conhecida como alfarva ou feno-grego.

Féra: *s.f.* – peixe de lagos alpinos, da família do salmão.
Fer à cheval: *s.m.* – baguette em forma de ferradura.
Ferme: *adj.* – firme. *s.f.* – fazenda, propriedade agrícola.
Fermé(e): *adj.* e *p.pas.* – fechado(a).
Fermentation: *s.f.* – fermentação.
Fermier: *s.m.* – fazendeiro.
Fermière (à la): *s.f.* – à moda da fazendeira: preparações de carne servidas com legumes na manteiga.
Festonner: *v.t.* – fazer uma borda em relevo, imitando uma guirlanda.
Feta: *s.f.* – queijo tipo feta: queijo de cabra de origem grega.
Feu: *s.m.* – fogo.
Feu de bois (au): *s.m.* – cozido à lenha.
Feuille: *s.f.* – folha.
Feuille de brick: *s.f.* – folhas de massa pré-prontas, feitas de uma mistura de farinha de trigo, água e sal, extremamente finas, usadas para preparações como trouxinhas e *papillotes*, doces ou salgadas.
Feuille de chêne: *s.f.* – literalmente significa folha de carvalho. É a alface grega: uma qualidade de alface semelhante à mimosa, porém mais firme, e pode ser encontrada roxa (*rouge*) ou verde (*vert*).
Feuille de vigne: *s.f.* – folha de uva, de vinha, de parreira.
Feuilletage (en): *s.m.* – (envolto em) massa folhada; folhados.
Feuilletée (pâte): *adj.* e *p.pas.* – folhada (massa).
Fèves: *s.f.p.* – favas.
Fiadone: *s.f.* – tortinha típica da Córsega, com recheio de queijo *brocciu* fresco, açúcar e raspas de limão.
Ficelle: *s.f.* – *baguette* mais fina e menor.
Ficelle (à la): *s.f.* – barbante, linha (amarrado com).
Figue: *s.f.* – figo.
Figue de Barbarie: *s.f.* – figo-da-índia. Ver *opuntia* ou *oponce*.
Figues sèches: *s.f.p.* – figos secos.
Filet: *s.m.* – filé.
Filet de Saxe: *s.m.* – filé de porco salgado, envolto em *barde*, embalado e defumado. É um toucinho defumado mais macio.

Financier: *s.m.* – doce de amêndoas em barrinhas retangulares ou ovais.

Financière (sauce): *adj.* – molho utilizado em preparações sofisticadas de carne de boi, rins de vitela ou carne de frango. É feito com champignons, molho madeira e suco de trufas.

Fine: *s.f.* – aguardente natural (de vinho, de sidra) de grande qualidade, proveniente de uma região determinada (Champagne, Calvados, Cognac, etc.).

Fines de claire: *s.f.p.* – ostras alongadas, de cascas enrugadas, que engordam por dois meses em *claires* – que são leitos de criação de ostras.

Fines herbes: *s.f.p.* – ervas finas: mistura de quatro ervas, em geral frescas: cerefólio, salsa, cebolinha e estragão.

Flageolets: *s.m.p.* – pequenos feijões verdes.

Flagnarde, Flangnarde, Flougnarde, Flaugnarde: *s.f.* – bolo que, logo antes de ser servido, é recheado com frutas quentes e polvilhado com açúcar. Especialidade do Auvergne, Limousin e Périgord.

Flamande (à la): *adj.* e *s.f.* – à maneira flamenga: receitas, em sua maioria de origem belga, que levam legumes, toucinho, cerveja e cebola.

Flambé (e): *adj.* e *p.pas.* – flambado(a).

Flamiche: *s.f.* – torta salgada originária do norte da França, geralmente à base de queijo e ovos.

Flan: *s.m.* – espécie de pudim, doce ou salgado. Também se refere a uma torta aberta, com recheio cremoso.

Flanchet: *s.m.* – corte de carne de boi: fraldinha. Também *bavette* ou *bavette de flanchet*.

Flet: *s.m.* – solha: espécie de linguado comum em águas costeiras.

Flétan: *s.m.* – tipo de linguado muito grande; chega a pesar 250kg. É muito apreciado pela carne e pelo óleo de seu fígado, rico em vitaminas.

Fleur: *s.f.* – flor.

Fleur de courgette: *s.f.* – flor de abóbora.

Fleurer: *v.t.* – enfarinhar levemente.

Fleurette (crème): *s.f.* – creme de leite mais gorduroso.

Fleurons: *s.m.p.* – massa folhada cortada em formato de meia-lua.

Floc de Gascogne: *s.m.* – vinho fortificado com Armagnac, usado como aperitivo.

Flognarde: *s.f.* – ver *clafoutis*.

Florentine: *adj.* – receita que leva espinafre ou guarnição de espinafre.

Floutes: *s.f.p.* – guarnição do Jura: batatas amassadas com farinha, ovos e creme, e dourada na panela. Acompanha carnes.

Foie: *s.m.* – fígado.

Foie gras d'oie (de canard): *s.m.* – fígado gordo de ganso (de pato).

Se você vai consumir ou comprar, aqui vão algumas dicas:
– *Foie gras cru* – fígado cru; é o melhor do *foie gras*. Safra no início do inverno. É servido com torradas quentes.
– *Foie gras entier* – inteiro e cozido, ligeiramente temperado.
– *Foie gras mi-cuit* – malpassado, fresco ou em conserva. Muito bom.
– *Foie gras en conserve* – em conserva e condimentado – inteiro ou em pedaços.
– *Bloc de foie gras* – 50% de fígado de pato e 35% de ganso, o resto é gordura de porco.
– *Foie gras truffé* – leva 3% de trufas na composição.
– *Foie gras parfait* – industrializado: leva recheio de carne de porco, vitela ou frango, envolto em gordura.
– *Foie gras pâté, galantine ou purée* – contém pouco *foie gras*. O resto é mistura.

Foies blonds de volaille: *s.m.p.* – fígados de galinha. É também um patê delicado de fígado de galinha.

Foin (dans le): *s.m.* – feno. Cozido no feno.

Foisonner: *v.i.* – bater com energia.

Foissac: *s.m.* – queijo fresco de leite de ovelha, originário do Limousin, cremoso e untuoso. Com o tempo, adquire uma casca grossa e amarelada, mas se mantém cremoso por dentro.

Foncer: *v.t.* – cobrir; revestir; escurecer.

Fond: *s.m.* – literalmente: fundo. Caldo de carne, peixe ou de ave, usado como base para vários tipos de molhos. É obtido com a lenta cocção de ossos, partes de carne, espinhas e temperos leves.

Fond blanc de veau: *s.m.* – caldo claro de vitela.

Fond blanc de volaille: *s.m.* – caldo claro de frango.

Fond brun: *s.m.* – caldo escuro. Caldo mais forte, geralmente reduzido, e pode ser de carne ou de ave.

Fond d'artichaut: *s.m.* – fundo de alcachofra.

Fondant: *adj.* e *s.m.* – no sentido literal, que está derretendo. Trata-se de açúcar cozido, trabalhado, aromatizado e, depois, usado para confeitar.

Fondre: *v.t.* – derreter, fundir.

Fondu (e): *adj.* e *p.pas.* – fundido(a), derretido(a).

Fondue: *s.f.* – prato típico suíço que pode ser *savoyarde*: de queijo derretido com pão; *bourguignonne*: de cubinhos de carne com molhos; de *chocolat*: de frutas e bolo com chocolate. Existem outras combinações, as mais variadas, mas a ideia principal é colocar um ingrediente no *caquelon* do *réchaud* (queijo, óleo, caldo, chocolate, creme, etc.) e mergulhar outros tantos ingredientes dentro da mistura quente (pão, carnes, peixes e crustáceos, frutas, etc.).

Fontainebleau: *s.m.* – típico da região de Île-de-France, é um queijo cremoso preparado com leite coalhado e creme batido. Resulta num queijo fresquíssimo e tenro que é envolto em musseline de algodão e servido como sobremesa, com geleia ou frutas frescas. Conserva seu frescor por apenas 24h, o que faz ser bastante difícil achá-lo nas *fromageries* de Paris.

Fontanges: *s.m.* – sopa cremosa de ervilhas frescas, com azedinha picada e creme de leite.

Fontenelle: *s.m.* – preparação de aspargos com manteiga e ovos quentes.

Forestière: *adj.* e *s.f.* – acompanhamento ou guarnição preparada com cogumelos silvestres, toucinho e batatas.

Fouace: *s.f.* – ver *fougasse*.

Fouet: *s.m.* – batedor de arame.

Fouetter: *v.t.* – bater com auxílio do batedor de arame.

Fougasse ou Fouace: *s.f.* – a fogaça é uma espécie de pão rendado, com bastante côdea, de forma retangular e chapada, feita com massa de *baguette* e assada em carvão. Pode ser recheada com cebola, ervas, especiarias ou anchovas. É possível ser feita com massa folhada.

Fougère: *s.f.* – samambaia.

Fougerus: *s.m.* – queijo artesanal, de leite de vaca, de massa mole e casca mofada. Originariamente era feito em fazendas ou pequenos sítios familiares, e era servido com uma folha de samambaia, que servia como decoração e para adicionar aromas. Passou a ser comercializado a partir do início do século XX. Desprende um aroma de samambaia e húmus. A massa é mole e doce e o sabor levemente salgado.

Four (au): *s.m.* – (no) forno.

Fourchette: *s.f.* – garfo.

Fourme d'Ambert (ou de Montbrison): *s.f.* – queijo de leite de vaca, AOC desde 1976. Originário do Auvergne, é um queijo de veios azuis suave e cremoso.

Fourme de Rochefort: *s.f.* – queijo de leite de vaca dos mais antigos da França. É um queijo prensado de massa rica e macia; a casca é cinza quase prateada.

Fourré: *adj.* – recheado.

Fourrer: *v.t.* – introduzir recheio, creme, etc. Termo usado geralmente para doces.

Fraîche: *adj.f.* – fresca, fria, gelada.

Frais: *adj.m.* – fresco, frio, gelado.

Fraise: *s.f.* – morango.

Fraise de bois: *s.f.* – morango silvestre.

Fraise de veau: *s.f.* – membrana que envolve o intestino da vitela. O açougueiro abre a membrana e a lava em água fervente, o que a branqueia e a deixa dura, com formação de pequenas bolsas que lembram o formato de um morango.

Fraiser: *v.t.* – resfriar. Também é estender massa com o auxílio da palma da mão.

Frangipane (crème): *s.f.* – creme de confeiteiro com rum e farinha de amêndoas com açúcar.

Framboise: *s.f.* – framboesa. Pode ser vermelha, branca ou amarela, segundo a variedade.

Frappé: *adj.* – refere-se à bebida batida servida muito gelada ou com gelo.

Frapper: *v.t.* – bater com gelo; mergulhar em gelo; resfriar.

Frémi: *adj.* e *p.pas.* – tremido. Também se refere a ostras semicozidas.

Frémir: *v.i.* – provocar ligeiro tremor na superfície de caldos ao cozinhá-los em fogo bem baixo.

Freneuse: *s.f.* – sopa de purê de nabos e batatas, com adição de creme de leite.

Friand: *s.m.* – bolinhos de massa folhada recheados com carne moída, queijo, presunto, champignons picados, etc., servidos como entrada.

Friandises: *s.f.p.* – docinhos ou salgadinhos: *petits-fours*.

Fricadelles: *s.f.p.* – bolinhos alongados, de carne picada, fritos, assados ou cozidos em molho.

Fricandeau: *s.m.* – tradicionalmente é uma receita de pernil de vitela (ou alcatra), envolto em fatias de toucinho, assado, cortado em fatias finas e servido com legumes refogados, creme de azedinhas, molho espesso e vinho branco.

Fricassée: *s.f.* – originalmente é um ensopado de carnes brancas ou aves, em molho apurado com vinho. No final, mistura-se creme de leite. Hoje em dia pode se referir a ingredientes quaisquer (cogumelos, legumes, etc.) refogados ou ensopados.

Frire: *v.t.* – fritar.

Frisé (e): *adj.* – crespo(a), frisado(a).

Frit: *adj.* – frito.

Frites: *adj.* e *s.f.p.* – fritas; batatas fritas.

Fritons: *s.m.p.* – espécie de patê à base de miúdos de porco ou de pato picados: língua, coração, rins, etc., misturados em galantina.

Fritot: *s.m.* – qualquer preparação salgada que seja mergulhada em massa líquida e depois frita é chamada de *fritot*. Pode ser feito de frutos do mar, galinha, legumes, etc., picados, moldados em bolinhos, em pedaços grandes ou inteiros.

Friture: *s.f.* – fritura. Peixe miúdo frito, ou porção de peixe frito.

Froid (e): *adj.* – frio(a).

Fromage: *s.m.* – queijo.

Fromage blanc: *s.m.* – queijo macio, praticamente sem gordura, que lembra uma coalhada mais espessa. Usado em muitas preparações culinárias.

Fromage de tête: *s.m.* – espécie de *terrine* ou *rillette*, feita com as carnes da cabeça de porco ou leitão, enformada com a gelatina da própria cabeça.

Fromage maigre: *s.m.* – queijo de baixa gordura.

Fromagerie: *s.f.* – loja de queijos e derivados de leite.

Froment: *s.m.* – frumento, trigo candial: espécie de trigo que produz uma farinha muito branca.

Fruit: *s.m.* – fruta.

Fruit à pain: *s.m.* – fruta-pão.

Fruit de la passion: *s.m.* – maracujá. *Grenadille*.

Fruits confits: *s.m.p.* – frutas cristalizadas.

Fruits de mer: *s.m.p.* – frutos do mar.

Fruité: *adj.* – frutado.

Fumé(e): *adj.* e *p.pas.* – defumado(a).

Fumer: *v.t.* – defumar.

Fumet (de poisson): *s.m.* – caldo básico (de peixe), feito com as cabeças e espinhas, usado para preparar molhos e sopas.

G

Galantine: *s.f.* – pedaços de carne de ave, porco, vitela, etc., bastante cozidos, desossados, picados e enformados com a gelatina do caldo do cozimento. Servido frio. Ver *aspic* ou *gelée*.

Galette: *s.f.* – panqueca grossa, torta ou bolo redondo e fino.

Galette des Rois: *s.f.* – torta ou bolo tradicional do dia de reis. É geralmente de recheio doce e leva uma coroa de papel dourado sobre ela. Dentro da *galette* vai uma surpresa (uma fava, um santinho de cerâmica) e quem pegar o pedaço premiado deve usar a coroa de rei.

Galicien: *s.m.* – pão de ló recheado de creme de pistaches, coberto com glacê verde e pistaches moídos.

Gammare: *s.m.* – camarão de água doce.

Gambas: *s.f.p.* – camarões grandes.

Ganache au chocolat: *s.f.* – preparação de chocolate meio amargo, creme e manteiga, para usar em trufas, bolos, coberturas, recheios, etc.

Gaperon: *s.m.* – queijo de leite de vaca, fabricado com o que sobra da manufatura de manteiga, ou seja, o soro da manteiga, que é chamado na região do Auvergne – de onde é originário – de "*gaspe*". O *Gaperon* é um pequeno queijo permeado de pimenta preta moída e de pedaços de alho. Varia de sabor conforme amadurece.

Garbure: *s.f.* – sopa espessa que leva repolho, feijão-branco e *confit* de carne de porco, ganso, pato ou peru.

Gardiane: s.f. – carne de touro marinada, preparada com azeitonas pretas, louro, alho, cebolas, vinho branco e anchovas.

Garni (e): *adj.* e *p.pas.* – guarnecido(a), enfeitado(a).

Garnir: *v.t.* – rechear, guarnecer; enfeitar, ornamentar.

Garniture: *s.f.* – guarnição, enfeite, acompanhamento.

Gastrique: s.m. – base caramelada feita de açúcar e vinagre usada para preparar molhos agridoces.

Gâteau: *s.m.* – bolo.

Gaufre: *s.f.* – espécie de paqueca doce e leve, com formato de alvéolos de um favo de abelhas; waffle.

Gaufrette: *s.f.* – biscoito doce enrolado como um canudo, geralmente servido com sorvetes; casquinha de sorvete.

Gavage: *s.m.* – sistema de engorda de gansos e patos para obtenção do *foie gras* e do *magret*.

Gayettes: *s.f.p.* – bolinhos preparados com carnes cortadas em pedacinhos, temperos, farinha de pão e envoltos em *crépine*. Podem ser assados ou fritos e servidos com *coulis* de tomate.

Gélatine: *s.f.* – gelatina, em pó ou em folhas.

Gelée: *s.f.* – *aspic*, *galantine*, galantina. É também suco de fruta apurado no fogo com açúcar, especiarias e às vezes álcool, até adquirir consistência de um *coulis* mais firme. Difere da *confiture*, que contém pedaços de frutas, e da *marmelade*, que é mais espessa; ambas feitas com frutas inteiras.

Genevoise (à la): *adj.* e *s.f.* – molho para pescados preparado com *fumet*, *mirepoix*, manteiga, vinho tinto e anchovas.

Genièvre: *s.m.* – baga de zimbro ou junípero. As folhas dessa planta podem ser usadas para perfumar carnes ou *fumets*. É usado também na preparação de uma bebida alcoólica, a genebra.

Génoise: *s.f.* – pão de ló.

Georgette: *s.f.* – batatas cozidas recheadas com camarões. É também uma sobremesa de *crêpes* de abacaxi, geleia de damascos, rum e açúcar, caramelizados ao forno.

Germes de luzerne: *s.m.p.* – brotos de alfafa.

Germiny: *s.m.* – guarnição preparada com azedinhas. É também uma sopa de azedinha e creme de leite (*potage germiny*).

Gérômé: *s.m.* – queijo de leite de vaca da Lorraine, de casca lavada e aroma forte, também chamado de *Munster*.

Gésier: *s.m.* – moela de aves.

Gibelotte: *s.f.* – ensopado de coelho, cebolinhas, cogumelos, toucinho, vinho branco e fígado de coelho picado.

Gibier: *s.m.* – caça.

Gigot: *s.m.* – pernil traseiro de cordeiro, cabrito ou carneiro.

Gigot de mer: *s.m.* – cauda de *baudroie* ou *lotte*, temperadas com alho, sal e pimenta, empanada com ovos e farinha de rosca e levada ao forno para assar lentamente.

Gigue: *s.f.* – coxa de cabrito. É também o pernil traseiro de alguns animais de caça.

Gingembre: *s.m.* – gengibre.

Girofle: *s.m.* – ver *clou de girofle*.

Girolle: *s.f.* – cogumelo silvestre de cor alaranjada; *chanterelle*. É também um aparelho para cortar queijo *Tête de Moine* em fatias muito finas.

Gîte: *s.f.* – músculo (de boi).

Gîte de noix: *s.f.* – corte de carne de boi: coxão mole.

Givrer: *v.t.* – cobrir a borda de um copo ou taça de uma fina película de açúcar.

Glace: *s.f.* – sorvete com base de leite e/ou suco de frutas. Gelo.

Glacé: *adj.* e *p.pas.* – gelado, cristalizado, espelhado, glacerizado.

Glacer: *v.t.* – abrilhantar; cobrir com *fondant* ou glaçagem. Gratinar para dourar.

Glacerie: *s.f.* – sorveteria.

Glaçon: *s.m.* – cubo de gelo.

Gougère: *s.f.* – preparação feita com massa de carolina (bomba) e queijo.

Goinfre: *s.* e *adj.* – comilão, glutão.

Goinfrer (se): *v.pr.* – comer com gula, se empanturrar.

Goujon: *s.m.* – peixe pequeno de rio, originário da Europa Central. É também lombo de peixe empanado à milanesa e frito.

Goujonnettes: *s.f.p.* – peixe cortado em tirinhas, que depois são temperadas, empanadas e fritas.

Gourmand(e): *adj.* – relativo à gastronomia; aquele(a) que aprecia comer coisas boas, guloso(a).

Gourmandises: *s.f.p.* – guloseimas.

Gourmet: *s.m.* – pessoa que sabe distinguir e apreciar a boa cozinha e os bons vinhos.

Gousse (d'ail): *s.f.* – dente (de alho).

Goyave: *s.f.* – goiaba.

Goyère: *s.f.* – torta de queijo branco, ovos, açúcar mascavo ou mel e aroma de flor de laranjeira. Especialidade do norte da França.

Grain: *s.m.* – grão.

Graine: *s.f.* – semente.

Grainer: *v.i.* – que forma grãos, grumos: claras de ovos que se separam; açúcar que cristaliza.

Graineterie: *s.f.* – comércio de grãos.

Graisse: *s.f.* – gordura.

Graisserons: *s.m.p.* – pele de pato ou ganso, frita em pedaços crocantes, como torresmo. Ver *grattons*.

Grammont: *s.m.* – preparação fria de lagostas cozidas, fatiadas e servidas com trufas e galantina, acompanhada de uma *mousse*, também fria, de carne de lagosta e ostras *pochées*.

Grand Marnier: *s.m.* – licor, de 40° de álcool, preparado com laranjas, *cognac*, *eau-de-vie* e xarope de açúcar. Muito usado em culinária.

Grand Montagnard: *s.m.* – queijo de leite de vaca, prensado, do Auvergne.

Grand Tomachon: *s.m.* – queijo tipo *tome*, de leite de vaca e de casca cinzenta, original do Auvergne.

Grand veneur: *s.m.* – molho agridoce para acompanhar caças, preparado com vinho tinto, pimenta, molho de groselhas ou cerejas negras e *crème fraîche*.

Granité: *s.m.* – sobremesa gelada (ou *trou normand*) que lembra "raspadinha". Junta-se água, pouco açúcar, aromatizantes e bebida alcoólica. Os ingredientes são fervidos e levados para gelar. Esse preparado é raspado e colocado em taças com ou sem outros complementos, como frutas e bebidas. Pode ser também feito com vinho doce natural e servido com *foie gras*, como entrada.

Gras, Grasse: *adj.* – gorduroso, gordurosa.

Gras-double: *s.m.* – dobradinha. Também é o preparado de dobradinha com cebolas.

Gratin: *s.m.* – gratinado, dourado, tostado. Pode ser também o prato que vai ao forno para gratinar, como por exemplo: *gratin de légumes*, etc.

Gratin dauphinois: *s.m.* – gratinado de batatas pré-cozidas, cortadas em rodelas e colocadas em uma fôrma untada com manteiga. São temperadas com sal, pimenta, alho, noz-moscada e, no final, regadas com creme de leite.

Gratin savoyard: *s.m.* – gratinado de batatas tradicional da região da Savoie: batatas cortadas em rodelas finas, entremeadas de queijo *beaufort* ou *gruyère*, regadas com caldo de galinha e levadas ao forno para cozinhar e gratinar.

Gratiné(e): *adj.* e *p.pas.* – gratinado(a).

Gratinée: *s.f.* – sopa de cebola, salpicada com queijo ralado e gratinada no forno.

Gratiner: *v.t.* – gratinar.

Gratte Paille: *s.m.* – queijo artesanal da região de Champagne-Ardennes, rico em gorduras. É feito com leite de vaca, tem massa cremosa e casca mofada.

Grattons: *s.m.p.* – pele de porco, ganso ou pato, frita em pedaços crocantes; torresmo.

Gratuit: *adj.* – gratuito.

Grecque (à la): *adj.* e *s.f.* – à grega: prato frio preparado com azeite, suco de limão e ervas como coentro, orégano ou erva-doce fresca.

Grelot: *s.m.* – cebola branca bem pequena, do tamanho de uma cereja.

Grenade: *s.f.* – romã.

Grenadille: *s.f.* – ver *fruit de la passion*.

Grenadin: *s.m.* – medalhão de filé de vitela.

Grenadine: *s.f.* – xarope de romã e/ou de frutas vermelhas, aromatizado com baunilha e às vezes limão.

Grenouille: *s.f.* – rã.

Gressin: *s.m.* – grissini: palitos de pão ou biscoito, usados para aperitivos.

Gribiche (sauce): *adj.* – (molho) de maionese com alcaparras, claras cozidas picadinhas, *cornichons* e ervas finas, ou vinagrete emulsionada com gemas de ovos cozidas e *fines herbes*.

Grillade: *s.f.* – fatia de carne grelhada ou para grelhar.

Grille-pain: s.m. – torradeira. *Toasteur*.

Griller: *v.t.* – grelhar.

Griotte: *s.f.* – cereja escura, de sabor ácido.

Grive: *s.f.* – tordo: ave pequena semelhante ao melro.

Grondin: *s.m.* – peixe marinho, de tamanho médio, de carne branca e delicada.

Gros (vente en): *adj.* – (venda em) atacado.

Gros sel: *s.m.* – sal grosso.

Groseille: *s.f.* – groselha de cacho, de bagas vermelhas ou brancas.

Groseille à maquereau: *s.f.* – tipo de groselha selvagem, com uma única baga vermelha, amarela ou verde, produzida pela groselheira espinhosa.

Groseille de chine: *s.f.* – kiwi.

Gruyère: *s.m.* – queijo de leite de vaca de origem suíça, fabricado na Savoie. É de coloração amarela, de massa prensada e de sabor suave. O *emmental* e o *comté* são

variedades de *gruyère*.
Guibolle: *s.f.* – jambo.

H

Hacher: *v.t.* – cortar em pedaços, picar, moer.
Hachis: *s.m.* – carne (boi, ave ou peixe) picadinha ou moída.
Hachoir: *s.m.* – moedor.
Haddock: *s.m.* – *églefin* defumado.
Halicot: *s.m.* – ver *haricot de mouton*.
Hareng: *s.m.* – arenque.
Hareng saur: *s.m.* – arenque defumado.
Haricot: *s.m.* – feijão.
Haricot-beurre: *s.m.* – vagem-manteiga.
Haricot blanc: *s.m.* – feijão-branco. Possui algumas variedades mais consumidas:
– *Coco*: pequeno e redondo.
– *Lingots:* longos.
– *Pois du Cap*: grande e achatado.
– *Soissons*: grandes e gordos.
Haricot coco rose: *s.m.* – feijão-rajado. Também chamado de *haricot marbré* ou marmorizado.
Haricot cornille: *s.m.* – feijão-fradinho.
Haricot de mouton: *s.m.* – ensopado de pernil de carneiro com feijão-branco do tipo *lingots*. *Halicot*.
Haricot noir: *s.m.* – feijão-preto.
Haricot rouge: *s.m.* – feijão-vermelho. É também uma preparação de feijão-vermelho com vinho tinto.
Haricot vert: *s.m.* – vagem.
Herbe-aux-chats: *s.f.* – valeriana.
Herbes: *s.f.p.* – ervas, temperos.
Herbes de Provence: *s.f.p.* – mistura especial de ervas aromáticas para assados, grelhados e molhos de todas as carnes em geral. A receita básica leva manjerona, segurelha, alecrim, tomilho, basílico e orégano; mas pode também misturar estragão, salsinha, louro e sálvia.
Hérisson de mer: *s.m.* – ouriço-do-mar, *oursin*.
Historier: *v.t.* – decorar frutas (como melão, melancia, frutas cítricas) cortando-as pela metade em formato de dentes

pontiagudos.

Hiver (d'): *s.m.* – (de) inverno.

Hochepot: *s.m.* – ensopado, que leva rabo de boi, orelhas de porco e outras carnes do tipo, cozidas com repolho e legumes e servido como *pot-au-feu*: o caldo em uma vasilha, as carnes cortadas em pedaços em outra, e os legumes numa terceira.

Hollandaise (sauce): *adj.* e *s.f.* – molho de gemas batidas e aquecidas, emulsionadas com manteiga derretida, sal, pimenta e suco de limão. É geralmente servido acompanhando aspargos ou filés de peixe.

Homard: *s.m.* – lagosta vermelha.

Homard breton: *s.m.* – grande lagosta da Bretagne, de casca mais escura e carne bastante saborosa.

Hongroise (à la): *adj.* e *s.f.* – à maneira húngara: leva páprica ou pimentões e creme de leite.

Hors-d'oeuvre: *s.m.inv.* – aperitivo. É também o prato de "abertura" ou entrada.

Huile: *s.f.* – azeite ou óleo.

– *D'arachide* ou *cacahuète*: de amendoim.
– *D'amande douce*: de amêndoas doces.
– *De colza*: de canola.
– *De maïs*: de milho.
– *De noisettes*: de avelãs.
– *De noix*: de nozes.
– *De noix de coco*: de coco.
– *D'olive vierge*: azeite de oliva virgem.
– *De palme et de palmiste*: azeite de dendê.
– *De pignon de pin*: de pinhão.
– *De pépins de raisin*: de sementes de uva.
– *De sésame*: de gergelim.
– *De soja*: de soja.
– *De tournesol*: de girassol.

Huilier: *s.m.* – galheteiro.

Huîtres: *s.f.p.* – ostras.

– *Plates:* a concha é rasa, arredondada e lisa, de tamanhos variados.
– *De Marennes*: têm a borda esverdeada. Variam de 30 a 100g cada.
– *Creuses:* as mais comuns, também chamadas de *portugaises* – têm concha funda, oblonga e ondulada; são classificadas pelo tamanho e peso, e também pelo método de engorda.

Hure de porc: *s.f.* – cabeça de porco; é também um embutido preparado com a carne e a gelatina da cabeça do porco.

Hure de saumon: *s.f.* – caldo gelatinoso resultante do cozimento da cabeça do salmão. É também um *pâté* prepado com salmão.

I

Igname: *s.f.* – inhame.

Île Flottante: *s.f.* – literalmente: ilha flutuante. São ovos nevados ou *oeufs à la neige*: sobremesa gelada de claras batidas com açúcar, cozidas em água e servidas "flutuando" em *crème anglaise*, regadas com calda de caramelo.

Imbiber: *v.t.* – embeber.

Indienne (à l'): *adj.* e *s.f.* – à maneira da Índia: com *curry*.

Infusion: *s.f.* – infusão, chá. *Tisane*.

Izarra: *s.f.* – bebida alcoólica de 48° de álcool, à base de grãos, *armagnac* e hortelã-pimenta (*Izarra verte*) ou amêndoas amargas (*Izarra jaune*). Originária do Pays Basque.

J

Jambe de porc farcie: *s.f.* – perna de porco recheada com mistura de carnes e temperos, como um enchido.

Jambon: *s.m.* – coxa ou pernil de porco ou javali. Presunto:
– *Jambon d'Auvergne*: presunto curado com sal.
– *de Bayonne*: presunto cru e seco, curado em sal.
– *de Bourgogne*: também *persillé;* presunto cozido e frio, picado em cubos e conservado em gelatina de carne com salsinha. Serve-se fatiado como uma *terrine*.
– *Cru*: qualquer presunto cru e curado no sal ou defumado.
– *Cuit*: presunto cozido.
– *Fumé*: presunto defumado.
– *de Montagne*: presunto rústico.
– *à l'os*: presunto com osso.
– *d'oie* ou *de canard*: peito de ganso gordo ou pato, defumado ou salgado. Pode ser curado com açúcar.
– *de Paris*: presunto cozido, claro e levemente salgado.
– *de Parme*: *prosciutto* italiano de Parma.
– *du Pays*: presunto caseiro.
– *Persillé*: ver *de Bourgogne*.
– *Sec*: presunto seco.
– *de Westphalie*: presunto alemão da Westfália, curado cru e

defumado.

– *de York*: presunto cozido e defumado tipo inglês.

Jambonneau: *s.m.* – joelho de porco com a pele.

Jambonnette: *s.f.* – coxa de ave, desossada e recheada.

Jardinière: *adj.* e *s.f.* – jardineira: mistura de legumes picados para guarnição.

Jarret: *s.m.* – perna e joelho de porco ou javali.

Jarret de veau: *s.m.* – *ossobuco* de vitela.

Jaune d'oeuf: *s.m.* – gema de ovo.

Jerez: *s.m.* – ver *xérés*.

Jéroboam: *s.m.* – garrafa de champanhe de 3 litros, equivalente a quatro garrafas comuns.

Jésus de Lyon: *s.m.* – linguiça seca de porco, de diâmetro grande.

Jésus de Morteau: *s.m.* – famosa linguiça de porco defumada, da região do Franche-Comté.

Joue: *s.f.* – bochecha.

Jujube: *s.m.* – jujuba, fruto da jujubeira.

Julienne: *s.f.* – juliana: verduras (ou carnes) cortadas em tiras bem finas.

Jus: *s.m.* – suco.

Jutage: *s.m.* – ação de regar uma carne com seu molho durante o cozimento.

K

Kaki: *s.m.* – caqui, *plaquemine*.

Karbau: *s.m.* – búfalo. *Buffle*.

Képhir ou Kéfir: *s.m.* – bebida fermentada gasosa, levemente ácida, de origem caucasiana, preparada a partir do leite de vaca, cabra, ovelha ou camelo fêmea.

Kir: *s.m.* – aperitivo feito com *crème de cassis* e vinho branco ou tinto.

Kir royal: *s.m.* – aperitivo de *crème de cassis* e champagne.

Kirsch: *s.m.* – aguardente de cerejas, originária da Alsace e Franche-Comté, muito usada para flambar, para doces e para aromatizar a *fondue* de queijo.

Kiwi: *s.m.* – kiwi. *Groseille de chine*.

Kougelhopf, Kougelhof, Kouglof, Kugelhopf: *s.m.*

– bolo leve, alto, em forma de coroa ou anel, típico da Alsácia, entremeado de amêndoas e passas e salpicado com açúcar.

Kumquat: *s.m.* – laranjinha kinkan.

Koulibiac: *s.m.* – ver *coulibiac*.

L

Laguiole: *s.m.* – queijo de leite de vaca, prensado em peças de 40kg, que possui o selo *AOC* desde 1976 (pronuncia-se layóle). Originário de Aubrac, no Auvergne, foi inventado em um monastério. No início, era fabricado apenas no verão. Somente uma Cooperativa, a *Jeune Montagne,* fabrica e matura este queijo. Sua casca é amarelo-escura e bastante espessa. Leva, prensado na casca, a figura de um touro e o nome.

Lait: *s.m.* – leite.
– *entier*: integral.
– *en poudre*: em pó.
– *cru*: fresco, sem pasteurização ou fervura.
– *démi-écrémé*: semidesnatado.
– *écremé*: desnatado.
– *pasteurisé*: pasteurizado.
– *concentré sucré*: leite condensado.
– *clair* ou *petit lait*: soro do leite.

Lait d'Amande: *s.m.* – leite de amêndoas: usado para várias preparações. No sentido clássico, é uma torta de massa de amêndoas, ovos e açúcar.

Lait de poule: *s.m.* – espécie de gemada feita com gema, mel, baunilha e leite.

Laitance: *s.f.* – sêmen de peixe (em geral de arenque).

Laitue: *s.f.* – alface. Existem vários tipos:
– *Beurre*: alface lisa.
– *Blonde*: lisa repolhuda.
– *Coeur de sucrine*: do tipo da romana, mais repolhuda.
– *Feuille de Chêne*: alface grega.
– *Lollo rosso*: alface-crespa de cor roxa ou verde-pálido.
– *Reine-des-glaces ou batavia*: alface-americana: variedade de inverno, com folhas mais resistentes e crocantes, de cor verde-pálido.
– *Romaine*: alface-romana.

Laitue de mer: *s.f.* – literalmente: alface-do-mar. Alga comestivel também chamada de *ulve*.

Lamelle: *s.f.* – lâmina, fatia muito fina.

Laminoir: *s.m.* – máquina cilíndrica de abrir massa.

Langres: *s.m.* – queijo de leite de vaca, *AOC* desde 1975, originário do planalto de mesmo nome. Redondo, macio, de casca lavada, o topo deste queijo possui as bordas levantadas, o que forma uma cova onde se coloca *Marc de Bourgogne*, para dar mais sabor. É de fabricação industrial, mas ainda se encontram alguns caseiros.

Lamproie: *s.f.* – lampreia, peixe serpentiforme de água doce ou salgada.

Langouste: *s.f.* – lagosta menor que a *homard*.

Langoustine ou Scampi: *s.f.* – lagostim de água salgada, do tamanho de um camarão grande.

Langue-de-chat: *s.f.* – biscoito arredondado e achatado.

Languedocienne (à la): *adj.* e *s.f.* – do Languedoc. Um acompanhamento que leva tomates, berinjela e *cèpes*, juntos ou separados.

Lapereau: *s.m.* – coelho novo.

Lapin: *s.m.* – coelho.

Lapin de garenne: *s.m.* – coelho selvagem.

Laqué: *adj.* – laqueado.

Lard: *s.m.* – toucinho.

Larder: *v.t.* – introduzir gordura, toucinho ou outro alimento dentro de carnes e peixes.

Lardon: *s.m.* – cubinho ou tirinha de toucinho.

Larme: *s.f.* – no sentido literal: lágrima. Uma gota de líquido.

Lasagne: *s.f.* – massa de lasanha.

Laurier: *s.m.* – louro.

Lèche: *s.f.* – fatia fina de pão ou de carne.

Lèchefrite: *s.f.* – bandeja que se coloca sob a grelha, própria para aparar a gordura e os sucos que escorrem dos assados.

Léger (légère): *adj.* – leve.

Légume: *s.m.* – legume.

Lentille blonde: *s.f.* – lentilha.

Lentille coraille: *s.f.* – lentilha vermelha.

Lentille verte: *s.f.* – lentillha arredondada e miúda, escura. São famosas as *lentilles vertes du Puy*, produzidas na região de Haute-Loire.

Lépiote: *s.f.* – espécie de cogumelo. *Coulemelle*.

Letchi, Litchi ou Lychee: *s.m.* – lichia.

Levain: *s.m.* – fermento natural, de água e farinha; levedo.

Lever: *v.t.* – deixar levedar.

Levure biologique ou Levure de boulanger: *s.f.* – fermento biológico ou de padeiro.

Levure chimique: *s.f.* – fermento químico. Também chamado de *poudre à lever* ou *poudre levante*.

Liaisons: *s.f.p.* – se diz de uma preparação destinada a dar consistência a um alimento líquido: amido, farinha, gemas, sangue, *roux*, creme, etc.

Liégeoise (à la): *adj.* e *s.f.* – preparações que utilizam álcool e zimbro.

Lier: *v.t.* – ligar, dar liga, amalgamar.

Lieu jaune: *s.m.* – peixe marítimo, pequeno e amarelado.

Lieu noir: *s.m.* – ver *colin*.

Lièvre: *s.m.* – lebre.

Limande: *s.f.* – azevia: peixe de mar, parecido com o linguado, de carne mais tenra.

Lime ou Limette: *s.f.* – limão. Ver *citron vert*.

Limoner: *v.t.* – passar peixe ou ave por água corrente para retirar pele, impurezes, etc.

Limousine (à la): *adj.* e *s.f.* – à maneira do Limousin: leva guarnição de chucrute e maçãs.

Lisette: *s.f.* – cavalinha pequena.

Lit: *s.m.* – leito, cama, base para acomodar uma iguaria.

Litchi: *s.m.* – lichia.

Livarot: *s.m.* – por causa das três tiras (verdes ou vermelhas) que enrolam sua casca, este queijo de leite de vaca da Normandie, *AOC* desde 1975, é também chamado de *colonel* (coronel). Sua casca lavada é alaranjada, e ligeiramente viscosa.

Livèche: *s.f.* – espécie de aipo das montanhas, de sabor acentuado.

Lompe ou Lump: *s.m.* – peixe costeiro, de mares frios, da família do bacalhau, conhecido por suas ovas, que são semelhantes às do caviar.

Lorraine (à la): *adj.* e *s.f.* – à maneira da Lorraine: carne cozida acompanhada de repolho roxo cozido no vinho e batatas, servidos com raiz-forte.

Lotte ou Lote: *s.f.* – peixe de águas doces frias, do Hemisfério Norte, grande e de carne firme.

Lotte de mer: *s.f.* – ver *baudroie*.

Lou magret: *s.m.* – fatias de peito de pato engordado, sem a capa de gordura.

Louche: *s.f.* – concha.

Luise-Bonne: *s.f.* – pera de uma variedade macia e suculenta.

Loup de mer: *s.m.* – tipo de robalo: peixe do mar Mediterrâneo também conhecido como *bar*.

Luter: *v.t.* – vedar, com auxílio de massa, uma caçarola ou vasilha refratária com tampa que vai ao forno ou ao fogo lento.

Lyonnaise (à la): *adj.* e *s.f.* – à maneira de Lyon: geralmente leva uma guarnição de cebolas.

M

Macaire: *s.m.* – *galette* de batatas preparada em manteiga clarificada.

Macarons: *s.m.p.* – espécie de suspiro achatado, com chocolate e amêndoas em pó adicionados à massa. Depois de assados, são unidos dois a dois (como um bem-casado) com creme de chocolate. Hoje em dia os macarons são feitos com vários sabores, como pistache, limão, baunilha, café, etc.

Macédoine: *s.f.* – macedônia, salada de frutas. É também um tipo de preparação de frutas ou legumes, cortados em cubinhos e misturados.

Macérer: *v.t.* – macerar.

Mâche: *s.f.* – valeriana ou alface-de-cordeiro, também chamada de *doucette* ou *salade de blé*: um tipo de alface pequena, de folhas ovais, verde-escuras.

Mâcher ou Mastiquer: *v.t.* – mastigar.

Mâchon: *s.m.* – expressão lyonesa que significa restaurante de cozinha leve ou refeição leve.

Macis: *s.m.* – macis – película que envolve a noz-moscada.

Mâconnais: *s.m.* – queijo também conhecido por *Chevreton de Mâcon* ou *Bouton de culotte*. É em geral feito com leite de cabra cru e integral, mas, dependendo da estação pode ter mistura de leite de vaca ou ser feito só deste último. Queijo pequeno, macio, redondo e alto, com sabor picante. Sua massa fica mais dura e salgada conforme envelhece.

Mâconnaise (à la): *adj.* e *s.f.* – à maneira de Mâcon: filés ou tiras de peixes ensopados em vinho tinto e ervas finas, servidos com cebolas glaceadas, champignons e *croûtons*.

Madeleines: *s.f.p.* – madalenas: bolinhos em forma de concha, de massa leve, perfumados com aroma de laranja ou limão.

Madère: *s.m.* – vinho Madeira. É também o nome de um molho feito com este vinho.

Magnum: *s.m.* – garrafa de um litro e meio de vinho, chamapagne, etc.

Magret de canard ou Magret d'oie: *s.m.* – peito de pato ou de ganso engordado. Vem com a pele e a capa de gordura. Em geral é preparado fatiado.

Maigre: *adj.* – fino, magro, sem gordura.

Maïs: *s.m.* – milho.

Maison (de la): *s.f.* – à moda da casa.

Maître d'hôtel: *s.m.* – chefe dos garçons. É também um molho clássico de manteiga, salsinha e limão.

Maïzena: *s.f.* – amido de milho. *Fécule de maïs*.

Malaxer: *v.t.* – misturar com as pontas dos dedos ou com um garfo.

Maltais: *s.m.* – docinho feito à base de laranja cristalizada e amêndoas, com glacê de *fondant*.

Maltaise: *adj.* e *s.f.* – molho *hollandaise* aromatizado com laranja. Também é um tipo de laranja bastante doce.

Mamirolle: *s.m.* – queijo de massa prensada, feito com leite de vaca pasteurizado na *École Nationale d'Industrie Laitière* (ENIL) de Mamirolle, na região de Doubs. Tem o formato de um tijolo longo (15cm x 5cm), é macio e tem sabor suave.

Manchon: *s.m.* – *petit-four* doce: um palito grosso feito com massa de biscoito ou massa de amêndoas, recheado com *crème chiboust*, e as pontas mergulhadas em pó colorido de amêndoas ou pistaches moídos.

Mandarin: *s.m.* – bebida aromatizada com laranja amarga. Aperitivo.

Mandarine: *s.f.* – mexeriquinha. Mexerica murgote.

Mandoline ou Râpe: *s.f.* – ralador/cortador de queijos e legumes, com três tipos de corte.

Manger: *v.t.* – comer.

Mange-tout: *s.m.* – ervilha-torta. É também um tipo de feijão verde e um tipo de maçã.

Mangoustan: *s.m.* – mangostão.

Mangue: *s.f.* – manga.

Manier: *v.t.* – misturar farinha e manteiga. Trabalhar com as mãos, manipular.

Manière (à la) de: *s.f.* – (à) maneira de.

Manioc: *s.m.* – mandioca.

Manon: *s.m.* – docinho à base de açúcar e creme, com nozes.

Maquereau: *s.m.* – cavala.

Maquereau blanc: *s.m.* – cavalinha.

Maquereau bonite: *s.m.* – peixe-serra.

Maquereau espagnol: *s.m.* – sororoca.

Maraîchère (à la): *s.f.* – à moda dos horticultores. É um acompanhamento para carnes que inclui cenouras e cebolinhas glaceadas, pepino recheado e fundo de alcachofra. Algumas vezes leva também couve-de-bruxelas e batatas *château*.

Marasquin: *s.m.* – marasquino, licor de cerejas.

Marbré(e): *adj.* e *p.pas.* – marmorizado(a).

Marbrer: *v.t.* – decorar com desenhos que lembram mármore.

Marc: *s.m.* – destilado feito com cascas de uvas ou outras frutas, depois de terem sido prensadas para outra utilização; bagaceira.

Marc de Bourgogne: *s.m.* – destilado do bagaço das uvas usadas para os vinhos da Bourgogne.

Marc de Champagne: *s.m.* – destilado do bagaço das uvas usadas para fazer champagne.

Marcassin: *s.m.* – javali novo, de até seis meses.

Marcelin: *s.m.* – torta aberta, recheada de geleia de framboesa, massa de ovos e farinha de amêndoas, salpicada com açúcar.

Marchand de Vin: *s.m.* – comerciante de vinho. É também um molho de vinho tinto, caldo de carne e *échalotes*.

Marché: *s.m.* – mercado; feira livre.

Marée (à la): *s.f.* – no sentido literal: à maré. É um termo usado para indicar que os frutos do mar estão frescos.

Marengo: *adj.* – frango ou vitela, cortados em pedaços e salteados em molho à base de vinho branco, tomates e alho.

Marennes: *s.f.* – *plate* esverdeada: ostra de concha lisa criada na cidade costeira de Marennes.

Mareyeur(euse): *s.m.f.* – comerciante atacadista de peixes.

Margarine: *s.f.* – margarina.

Marinade: *s.f.* – marinada, vinha d'alhos.

Mariné(e): *adj.* e *p.pas.* – marinado(a).

Mariner: *v.t.* – marinar, deixar em vinha-d'alhos.

Marinière (moules): *s.f.* – mexilhões cozidos em vinho branco, ervas, *échalotes* e manteiga.

Marjolaine ou Origan: *s.f.* – manjerona, orégano. *Marjolaine* é também um bolo de massa clara, às vezes com nozes, com muitas camadas e cobertura de chocolate.

Marmelade: *s.f.* – compota de frutas cozidas em açúcar até adquirir uma consistência de purê.

Marmite: *s.f.* – marmita. É também um tipo de panela, com duas abas e tampa, e o conteúdo desta panela. Ver *cocotte, faitout* ou *fait-tout*.

Maroilles: *s.m.* – queijo de leite de vaca, criado em 962 d.C. na Normandie, e *AOC* desde 1976. Seu odor forte esconde um sabor sutil. Possui outro similar mais novo, também *AOC*, chamado de *Maroilles Lesire*.

Marquer: *v.t.* – marcar.

Marquise (au chocolat): *s.f.* – bolo cremoso de chocolate meio amargo.

Marron: *s.m.* – castanha tipo portuguesa.

Marron glacé: *s.m.* – castanha glacerizada.

Masquer: *v.t.* – no sentido literal: mascarar. Significa cobrir, com glacê, creme, chocolate, etc.

Massepain: *s.m.* – biscoito de marzipã.

Masser: *v.t.* – empelotar. Cristalizar calda de açúcar.

Mastiquer ou Mâcher: *v.t.* – mastigar.

Matelote (d'anguiles): *s.f.* – ensopado de peixes, geralmente de água doce.

Mauviette: *s.f.* – cotovia selvagem.

Médaillon: *s.m.* – medalhão (de filé, etc.).

Mélange: *s.m.* – mistura.

Mélanger: *v.t.* – misturar.

Mêler: *v.t.* – misturar.

Méli-mélo: *s.m.* – mistura de vários ingredientes fatiados em salada: legumes, peixes, frutos do mar, etc.

Mélisse: *s.f.* – melissa, erva-cidreira. *Citronnelle*.

Melon: *s.m.* – melão.

Melon de Cavaillon: *s.m.* – pequeno melão, semelhante ao cantalupo, proveniente de Cavaillon, cidade da Provence.

Melon d'eau: *s.m.* – melancia. Ver *pastèque*.

Ménagère (à la): *s.f.* – à maneira da dona de casa. Pode se referir a qualquer tipo de preparação, salgada ou doce. Normalmente são receitas simples e caseiras. Também é o guarda-louça.

Menthe: *s.f.* – menta, hortelã.

Menthe poivrée: *s.f.* – hortelã-pimenta.

Menthe pouillot: *s.f.* – poejo.

Mentholé(e): *adj.* – mentolado(a).

Menu: *s.m.* – menu. Refeição a preço fixo, servida geralmente no almoço.

Menuise: *s.f.* – peixe pequeno, próprio para fritar.

Mer: *s.f.* – mar.

Merguez: *s.f.* – pequeno embutido condimentado, de carne de boi e/ou carneiro.

Meringue: *s.f.* – merengue, suspiro: claras batidas em neve com açúcar.

Meringuer: *v.t.* – cobrir com merengue.

Merise: *s.f.* – cereja brava.

Merlan: *s.m.* – badejo.

Merluche ou Merlu: *s.f.* – merlúcio ou merluza. Peixe marinho, da família do bacalhau, encontrado fresco, seco sem sal ou defumado.

Mérou: *s.m.* – cherne ou mero.

Merveille: *s.f.* – literalmente: maravilha. Massinha de ovos, frita e polvilhada com açúcar. Ver *oreillette*.

Mesclun, Mesclum: s.m. – mistura de vários tipos de folhas para salada.

Mesure: *s.f.* – medida.

Mesurer: *v.t.* – medir.

Mets: *s.m.p.* – qualquer prato ou preparação que faz parte de uma refeição.

Mets selon la saison: *s.m.p.* – prato da estação: uma preparação que usa frutas, legumes e pesca da época.

Mettre: *v.t.* – pôr, colocar.

Meunière (à la): *s.f.* – à moda da mulher do moleiro. Classicamente, é um prato de filé de peixe que recebe este nome porque é passado na farinha de trigo. Depois de frito, é guarnecido de um molho de manteiga clarificada derretida, salsinha e suco de limão. É servido com batatas cozidas no vapor. O mesmo nome pode ser usado em outras preparações que sejam passadas em farinha.

Meurette: *s.f.* – em ou com molho de vinho tinto, *fumet* de peixe e *beurre manié*. É também um ensopado de peixe à la *Bourguignonne*.

Mie: *s.f.* – parte interior do pão; miolo.

Miel: *s.m.* – mel.

Miettes: *s.f.* – migalhas.

Mignardises: *s.f.p.* – docinhos para acompanhar chás e café; *petit-fours*.

Mignon: *adj.* – filé mignon de boi, ou de porco, ou de vitela.

Mignonnette: *s.f.* – cubinhos ou tirinhas de filé de carne ou de peixe. Também se refere a grãos de pimenta quebrados em pedaços grosseiros, sem moer. É também um tipo de alface, de folhas repolhudas, verdes ou roxas.

Mijot: *s.m.* – sopa fria, geralmente doce.

Mijoté(e): *adj.* e *p.pas.* – cozido(a) lentamente, em caldo reduzido.

Mijoter: *v.t.* – deixar cozinhar em fogo lento.

Mille-feuille: *s.m.* – mil-folhas: massa folhada em camadas finas, recheadas de *crème pâtissière*; *Napoléon*.

Millet: *s.m.* – milheto. Usado para farinha e *couscous*.

Mimolette Vieille: *s.f.* – queijo de leite de vaca, do norte da França, consumido bastante maturado. Tem o formato de uma bola e sua massa é alaranjada. Os pequenos furinhos em sua superfície são produzidos pelos "*cérons*" – pequenos parasitas que contribuem para sua maturação.

Mimosa: *s.m.* – clara de ovo cozido recheada de maionese misturada com gema de ovo cozida e picadinha.

Mince: *adj.* – (fatia) fina, pouco espessa.

Minute (à la): *s.f.* – (ao) minuto: preparado na hora de servir.

Mirabeau: *s.m.* – guarnição que mescla anchovas, azeitonas, estragão e manteiga.

Mirabelle: *s.f.* – espécie de ameixa amarela. Também se refere à aguardente feita desta fruta.

Mirepoix: *s.f.* – cenouras, toucinho, cebolas e às vezes salsão, cortados em cubinhos bem pequenos, quase como se fossem ralados, refogados e usados para fazer fundo de pratos cozidos ou assados, em geral de carnes.

Miroton ou Mironton de: *s.m.* – fatias de. É também um ensopado de restos de carne de panela, temperado com cebolas, toucinho e vinho branco.

Mitonnée: *s.f.* – do velho francês: *miton* = pão. Espécie de sopa, engrossada com pão, cozida lentamente.

Mixer: *v.t.* – misturar no liquidificador, *mixer* ou processador. Pilar.

Mixer ou Mixeur: *s.m.* – aparelho para picar e misturar; processador.

Mixeur-batteur: *s.m.* – batedeira.

Mixte: *s.m.* – sanduíche misto de presunto e queijo.

Mode (à la): *s.f.* – à moda de.

Moelle: *s.f.* – tutano de osso de boi, ou vitela; medula.

Mogettes: *s.f.p.* – feijão-branco seco, normalmente cozido em água e sal, temperado com alho e manteiga e servido com carnes como presunto, carneiro e pato.

Moka: *s.m.* – refere-se a uma qualidade de café muito apreciada, com bastante cafeína. Bebida feita deste café. Bolo feito com pão de ló, recheado com creme de manteiga e café.

Môle: *s.f.* – grande peixe do mar da Europa ocidental, de corpo circular, também chamado de *poisson-lune*. Chega a atingir dois metros de comprimento e uma tonelada de peso.

Monder: *v.t.* – descascar tomates ou castanhas, passando-os em água fervente por alguns segundos. Retirar película de arroz, cevada, etc.

Montagne (de): *s.f.* – produtos (da) montanha.

Montbriac: *s.m.* – queijo de leite de vaca do Auvergne, de veios azuis, conhecido por seu sabor suave. Untuoso, é excelente para ser degustado puro ou em receitas culinárias de vários tipos. Ver *Rochebaron*.

Mont des Cats: *s.m.* – queijo de leite de vaca produzido na região de Flandres desde 1890, por monges da Abadia de *Mont des Cats*, numa pequena queijaria, com leite de fazendas vizinhas à Abadia. Sua massa é dura e possui pequenos buracos. O sabor é sutil e derrete na boca

Mont-doré: *s.m.* – purê de batatas, acrescido de gemas, creme de leite e queijo ralado e levado ao forno para gratinar.

Monter: *v.t.* – bater claras em picos duros; fazer subir as claras em neve. Montar um bolo, doce ou salgado, em camadas.

Montmorency: *s.f.* – guarnecido com cerejas. Também se refere a uma qualidade de cereja ácida e própria para cozinhar e fazer doces ou compotas.

Montrachet: *s.m.* – queijo de leite de cabra da Bourgogne, de massa mole e casca natural. É também um famoso vinho branco da região.

Morbier: *s.m.* – queijo de leite de vaca, do Franche-Comté, com selo *AOC*. Possui um veio negro que separa em dois o queijo – é fruto da fuligem salpicada entre dois queijos para serem estocados.

Morceau: *s.m.* – pedaço, porção pequena.

Morille: *s.f.* – cogumelo silvestre, marron-escuro, de chapéu cônico e enrugado. É tóxico quando cru, mas cozido se torna comestível.

Mornay: *s.f.* – molho *béchamel* acrescido de gemas e queijo ralado tipo *emmenthal* ou outro semelhante. É um molho próprio de preparações para gratinar.

Mortadelle: *s.f.* – mortadela tipo italiana.

Mortifier: *v.t.* – deixar carne maturar no tempo. Ver *faisander*.

Morue: *s.f.* – bacalhau salgado e seco. O fresco é chamado de *cabillaud*.

Mou: *s.m.* – bofe, pulmão.

Moucheter: *v.t.* – pingar pequenas gotas. Decorar com pontinhos coloridos.

Mouclade: *s.f.* – ensopado cremoso de mariscos, com curry ou açafrão.

Moufle: s.f. – luva térmica de cozinha.

Mouiller: *v.t.* – molhar, acrescentar líquido.

Moule: *s.f.* – mexilhão, marisco. É também a fôrma de assar pães e bolos.

Moule: *s.m.* – fôrma de assar pães e bolos.

Moule de bouchot: *s.f.* – mexilhão pequeno muito apreciado, do tipo do nosso marisco de mangue, como o lambe-lambe ou sururu.

Moule de parques: *s.f.* – mexilhão holandês cultivado em viveiros.

Moule d'Espagne: *s.f.* – mexilhão grande, de concha cortante, também apreciado cru.

Moules marinière: *s.f.p.* – mexilhões preparados em caldo de bastante vinho branco com manteiga, cebolas, *échalotes*, aipo, salsinha, louro e tomilho. É típico prato de origem belga, e costuma ser servido com fritas.

Mouler: *v.t* – moldar.

Moulin: *s.m.* – moinho.

Moulin à poivre: *s.m.* – moedor de pimenta.

Mouliner: *v.t.* – passar no processador de alimentos ou moedor.

Moulinette: *s.f.* – moedor, processador.

Moulis: *s.m.* – queijo produzido com leite de vaca, cabra ou ovelha, da região do Midi-Pyrénées. É de massa prensada, fina e aerada.

Mousse: *s.f.* – musse: mistura leve e aerada, doce ou salgada, preparada com claras em neve e creme de leite.

Mousseline (sauce): *adj.* e *s.f.* – molho à base de gemas de ovos, manteiga, sal, pimenta e gotas de limão, emulsionados em banho-maria e acrescidos de creme de leite. Acompanha bem aspargos, peixes e ovos.

Mousseron: *s.m.* – cogumelo branco silvestre, bastante saboroso.

Moutarde: *s.f.* – mostarda.
- *de Dijon*: mostarda forte, clara e picante. Pode ser extraforte.
- *de Meaux*: mais suave e doce que a *de Dijon*, e levemente granulada.
- *à l'ancienne*: mostarda de grãos grosseiramente picados.
- *à l'estragon*: temperada com estragão e vinho branco.
- *au cassis*: de grãos grosseiramente picados e com cassis.
- *au vinaigre*: preparada no vinagre.
- *au vin blanc*: preparada com vinho branco.
- *au miel*: com mel.
- *noire*: mostarda preta.
- *rouge*: com pimenta.

Mouton: *s.m.* – carneiro.

Muesli: *s.m.* – granola.

Muge: *s.m.* – tipo de tainha conhecida no Brasil como parati. *Mulet*.

Mulet: *s.m.* – tainha. *Muge*.

Munster: *s.m.* – ver *Géromé*.

Mûr(e): *adj.* e *p.pas.* – maduro(a).

Mûre: *s.f.* – amora-preta.

Murène: *s.f.* – moreia.

Murol du Grand Berioux: *s.m.* – queijo de leite de vaca, do Auvergne, de massa prensada. É redondo e achatado, com um burado no meio que auxilia a maturação.

Muscade: *s.f.* – noz-moscada.

Museau de porc (de boeuf): *s.m.* – focinho de porco (de boi). É usado em tortas, saladas, com molho vinagrete e galantinas.

Myrte: *s.m.* – murta, mirto.

Myrtille: *s.f.* – Fruta pequena, de um roxo bem escuro: mirtilo.

Mystère: *s.m.* – sobremesa de sorvete, formatada em cone. É também uma sobremesa de suspiro cozido e *praliné*, com sorvete e calda de chocolate.

N

Nage (à la): *s.f.* – caldo para cozimento. Em geral, se refere aos pratos que utilizam o caldo, em que foram cozidos os ingredientes, na finalização do prato.

Nantua: *s.f.* – preparações que levam camarões inteiros ou em purê, *mousse* ou *coulis*. Também levam trufas.

Napoléon: *s.m.* – ver *mille-feuille*.

Nappe: *s.f.* – toalha de mesa.

Nappé: *adj.* – coberto com molho, *coulis*, creme, etc.

Napper: *v.t.* – cobrir com molho, creme, *coulis* ou calda.

Nature: *s.f.* – preparação natural e fresca, sem muita elaboração.

Navarin: *s.m.* – ensopado de carneiro com batatas, nabos e cenouras.

Navet: *s.m.* – nabo.

Navette: *s.f.* – bolo em forma de *barquette*, com calda de açúcar perfumada com água de flor de laranjeira.

Nectarine: *s.f.* – nectarina; *brugnon*.

Nèfle: *s.f.* – nêspera.

Nèfle japonaise: *s.f.* – variedade de nêspera, menor e mais carnuda.

Nègre em chemise: *s.m.* – sobremesa de chocolate coberta com creme *chantilly*.

Nettoyer: *v.t.* – limpar.

Neufchâtel: *s.m.* – queijo *AOC* de leite de vaca, da Normandie, de massa mole e crosta mofada, em forma de coração ou retangular.

Newburg: *s.m.* – lagosta salteada com molho de vinho Madeira, gemas e creme de leite.

Niçoise: *adj.* e *s.f.* – com tomates, alho e anchovas.

Nid: *s.m.* – ninho.

Nid d'abeille: *s.m.* – bolo tradicional da Alsace, em forma de *brioche*, coberto de uma mistura de manteiga e açúcar, mel e amêndoas. Depois é partido ao meio e recoberto de creme de confeiteiro.

Nigelle: *s.f.* – nigela, cominho-negro. Especiaria indiana, bastante aromática e ligeiramente picante.

Niolo: *s.m.* – queijo de leite de ovelha, da Córsega, de massa firme e untuosa e picante no paladar.

Nivernaise: *adj.* e *s.f.* – carne ou pato *braisé* ou *rôti*, com cenouras e cebolas glaceadas.

Noisette: *s.f.* – avelã. É também uma batata frita na manteiga, em formato de pequenas bolinhas. *Beurre noisette* é a manteiga aquecida até adquirir coloração de avelã. Também se usa para indicar a adição de uma porção pequena (de manteiga, de café, etc.), do tamanho de uma avelã. E, por fim, também se refere a um corte de carne de vitela ou cordeiro, em pequenas porções redondas.

Noix: *s.f.* – noz; refere-se ao tamanho de uma noz. É também um corte de carne de boi e vitela, correspondente ao lagarto.

Noix de cajou: *s.f.* – castanha de caju.

Noix de coco: *s.f.* – coco.

Noix du Brésil ou Noix de para: *s.f.* – castanha-do-pará.

Noix de pécan ou Noix pacane: *s.f.* – noz pecã.

Normande: *adj.* e *s.f.* – à maneira normanda: que leva ingredientes típicos e regionais, tais como manteiga, creme de leite, frutos do mar, maçã, sidra e *Calvados*.

Nougat: *s.m.* – doce como um torrone tenro, com amêndoas, mel e creme, recoberto de folhas de pão ázimo.

Nougatine: *s.f.* – *nougat* de Montélimar.

Nougat noir: *s.f.* – *nougat* feito com amêndoas e caramelo queimado, o que dá ao recheio uma coloração escura.

Nouilles: *s.f.p.* – talharim.

Nouillettes: *s.f.p.* – talharim fino.

Nouveau: *adj.m.* – novo ou jovem.

Nouvelle: *adj.f.* – nova ou jovem. Notícia, novidade.

Noyau: *s.m.* – caroço, semente, amêndoa.
Noyer: *s.m.* – nogueira.

O

Oeuf: *s.m.* – ovo.
Oeuf à la coque: *s.m.* – ovo quente.
Oeuf au miroir: s.m. – ovo estrelado, feito em forno, com a gema quase crua.
Oeuf brouillé: *s.m.* – ovo mexido.
Oeuf dur: *s.m.* – ovo cozido.
Oeuf en meurette: *s.m.* – ovo escalfado em molho de vinho tinto.
Oeuf frit: *s.m.* – ovo frito.
Oeuf mollet: *s.m.* – ovo cozido em água, durante seis minutos.
Oeuf moulé ou Oeuf cocotte: *s.m.* – ovo montado em forminha com temperos e ingredientes diferentes e levado ao banho-maria para cozinhar.
Oeuf poché: *s.m.* – ovo escalfado, ovo pochê.
Oeuf sauté à la pôele, Oeuf sur le plat: *s.m.* – ovo estrelado.
Oeufs à la neige ou Oeufs en neige: *s.m.p.* – "ovos nevados": claras batidas em neve com açúcar, cozidas às colheradas em leite fervente e servidas com *crème anglaise*. Ver também *Île flottante*.
Offert: *adj.* e *p.pas.* – oferta, grátis.
Ognasse: *s.f.* – segunda brota da cebola.
Oie: *s.f.* – ganso.
Oignon: *s.m.* – cebola.
Oignon rouge: *s.m.* – cebola roxa.
Okras: *s.f.* – quiabo.
Olive: *s.f.* – azeitona. Pode ser *verte* (verde) e *noire* (preta).
Olivet Cendré: s.m. – queijo de leite de vaca produzido na pequena cidade de Olivet, às margens do rio Loire. Sua aparência é cinzenta, pois costuma ser preservado em cinzas de vinhas.
Omble chevalier: *s.m.* – salmonídeo de água doce, da família das trutas, de carne firme e laminada, que varia do branco ao vermelho-escuro.

Omelette: *s.f.* – omelete.

Omelette norvégienne ou suédoise: *s.f.* – sobremesa feita com base de pão de ló, coberto de sorvete, envolto em merengue e flambado ou passado no forno para dourar.

Omelette Montmorency: *s.f.* – sobremesa feita com ovos batidos com açúcar e cerejas, e flambada com *kirsch*.

Omelette surprise: *s.f.* – mesmo princípio da *omelette norvégienne*: uma omelete *soufflée* com recheio de sorvete.

Onglet: *s.m.* – corte de carne de boi, situado entre a maminha e a alcatra.

Opéra (gâteau): *s.m.* – bolo retangular de café e *ganache* de chocolate.

Oponce ou Opuntia: *s.m.* – figo-da-índia. Ver também *figue de Barbarie*.

Orange: *s.f.* – laranja.

Orangeat: *s.m.* – *petit-four* doce, feito de amêndoas e cascas de laranja cristalizadas.

Oreilles: *s.f.p.* – orelhas. Geralmente são cozidas (as de porco) e depois servidas grelhadas ou empanadas à milanesa.

Oreilles de Judas: *s.f.p.* – espécie de *champignon*, sem pé e sem chapéu, no formato de uma grande orelha.

Oreillettes: *s.f.p.* – Ver *merveille*.

Orge: *s.m.* – cevada.

Origan ou Marjolaine: *s.m.* – orégano, manjerona.

Orly: *s.m.* – filezinhos de peixe, carne ou frango, empanados e fritos, servidos com molho de tomate.

Orneaux: *s.m.p.* – abalone; tipo de vieira.

Oronges: *s.f.p.* – tipo de cogumelo comestível de chapéu vermelho. O falso *oronge* é venenoso e tem minúsculas pintas brancas no chapéu.

Orties: *s.f. p.* – urtigas.

Ortolan: *s.m.* – hortulana, pequena ave da costa mediterrânea quase extinta, mas muito usada na culinária francesa até o início do século XX.

Os: *s.m.* – osso.

Oseille: *s.f.* – azedinha.

Ossau-Iraty: *s.m.* – queijo produzido com leite de ovelha no Pays Basque, *AOC* desde 1980. Rústico quando é caseiro, ele possui o caráter bem acentuado.

Ôter: *v.t.* – retirar.

Oursin: *s.m.* – ouriço-do-mar.

Ouvert (e): *adj.* e *p.pas.* – aberto(a).

Oyonnade: *s.f.* – preparação de ganso novo, típica do Bourbonnais. É cozido em vinho Saint-Pourçain e engrossado com o sangue e o fígado do ganso diluídos em aguardente.

P

Pagre: *s.m.* – pargo. Também conhecido como *daurade royale*.

Paillard: *s.m.* – bife fino.

Pailles (pommes): *s.f.p.* – batata palha.

Paillettes: *s.f.p.* – bastonetes de massa folhada e queijo parmesão servidos como aperitivo ou para acompanhar sopas, peixes e queijos.

Pain: *s.m.* – pão.

Pain au chocolat: *s.m.* – pão doce, recheado com chocolate.

Pain aux raisins: *s.m.* – pão doce com uvas passas.

Pain azyme: *s.m.* – pão ázimo, matzá.

Pain d'épices: *s.m.* – pão levemente doce, de especiarias.

Pain de mie: *s.m.* – pão de fôrma.

Pain de viande: *s.m.* – bolo de carne em forma de pão.

Pain perdu: *s.m.* – espécie de rabanada.

Pain rassis: *s.m.* – pão velho.

Paleron: *s.m.* – corte de carne de boi: paleta ou pernil dianteiro.

Paletot: *s.m.* – ganso ou pato engordado, preparado inteiro, depois de tirado o *foie gras*.

Palmier: *s.m.* – biscoito de massa folhada doce, em forma de palmito. É também a palmeira que produz o palmito.

Palmite: *s.m.* – ver *coeur de palmier*.

Palombe: *s.f.* – pomba silvestre.

Palourde: *s.f.* – molusco semelhante ao vôngole, de tamanho maior, também chamado de *clovisse*.

Pamplemousse: *s.m.* – fruta cítrica semelhante à toranja, de interior verde-pálido.

Pampre: *s.m.* – peixe: pampo ou sernambiquara.

Panaché: *adj.* – misturado; mistura.

Panacher: *v.t.* – reunir diferentes ingredientes.

Panade: *s.f.* – empanado; mistura para empanar. É também uma sopa feita de pão, leite e queijo.

Panais: *s.m.* – pastinaca. Suas folhas são usadas na composição das *fines herbes*.

Pan-bagnat: s.m. – sanduíche provençal que leva azeite de oliva e ingredientes regionais como azeitonas, anchovas, tomates, etc.

Pané(e): *adj.* e *p.pas.* – empanado(a).

Panier: *s.m.* – cesto para pães.

Pannequet: *s.m.* – panqueca doce ou salgada, recheada. Pode ser enrolada, dobrada em quatro, gratinada ou empanada e frita.

Papaye: *s.f.* – mamão.

Papeton: *s.m.* – especialidade de Avignon: é um prato preparado com purê de berinjelas e ovos.

Papier sulfurisé ou Papier cuisson: *s.m.* – papel-manteiga.

Papillote (en): *s.f.* – preparação feita dentro de um envelope de papel-manteiga ou papel alumínio.

Paprika: *s.m.* – páprica.

Parer: *v.t.* – aparar; enfeitar, cortar o ingrediente no formato adequado.

Parfait: *s.m.* – sobremesa gelada à base de creme de leite. É também musse de fígado de ave.

Parfum: *s.m.* – perfume.

Paris-Brest: *s.m.* – *pâtisserie* de massa de carolinas em forma de coroa, salpicada de amêndoas laminadas e recheada com creme *praliné*.

Parisien: *s.m.* – biscoito de limão, recheado de creme *frangipane* e frutas cristalizadas, coberto com merengue e dourado ao forno.

Parisienne (à la): *adj.* e *s.f.* – à moda de Paris; guarnição de legumes com batatas *noisettes*, ervas finas e fundo de alcachofra.

Parmentier: *s.m.* – com batatas. É também um bolo gratinado de purê de batatas recheado de carne moída.

Parmesan: *s.m.* – queijo parmesão.

Partager: *v.t.* – dividir, partilhar, repartir.

Passe-pierre: *s.m.* – ver *criste-marine*.

Passe-tout-grain: *s.m.* – tipo de vinho feito com um corte das cepas *pinot noir* e *gamay*.

Passer: *v.t.* – passar por peneira ou coador.
Passoire: *s.f.* – peneira.
Pastèque: *s.f.* – melancia.
Pastis: *s.m.* – aguardente de anis: aperitivo aromatizado com sementes de anis e pó de alcaçuz. O líquido é transparente e torna-se leitoso quando se acrescenta água. É usada em alguns pratos culinários. A marca mais conhecida é a *Ricard*. É também uma tortinha doce de maçãs e *armagnac*, típica do sudoeste.
Patate douce: *s.f.* – batata doce.
Pâte: *s.f.* – massa de pastelaria e tortas, pães e bolos.
Pâte alimentaire: *s.f.* – macarrão.
Pâte à choux: *s.f.* – massa de bomba, carolina ou *éclair*.
Pâte à pain: s.f. – massa de pão.
Pâte brisée ou Pâte à foncer: *s.f.* – massa podre.
Pâte levée: *s.f.* – massa levedada.
Pâte sablée: *s.f.* – massa menos doce que a *pâte sucrée*, semelhante à massa podre, um pouco mais firme que esta.
Pâte sucrée: *s.f.* – massa de torta doce.
Pâté: *s.m.* – patê. Pode ser com a consistência de uma pasta, ou com pedaços de carne, fígado, etc. picados e enformados, servido quente ou frio.
– *de Campagne*: grosseiramente picado, à moda do campo.
– *de canard*: de pato.
– *de chevreuil*: de veado.
– *en croûte*: assado, envolvido em massa.
– *de foie*: de fígado.
– *de grive*: de tordo, ave canora.
– *de lapin*: de coelho.
– *de lièvre*: de lebre.
– *d'oie*: de ganso.
– *Maison*: no estilo da casa ou da *charcuterie*.
Patelle: *s.f.* – molusco comestível de concha cônica, como um chapéu chinês, também chamado de *bernicle* ou *bernique*.
Pâtes fraîches: *s.f.p.* – massas frescas.
Pâtisserie: *s.f.* – confeitaria. É também a área gastronômica relacionada à pastelaria: refere-se às massas e aos pratos feitos com massas, doces ou salgados.
Pâtissier: *s.m.* – confeiteiro.
Pâtisson: *s.m.* – pequena abóbora de casca branca,

redonda e achatada.

Pâton: *s.m.* – bola de massa crua, para ser trabalhada.

Patte: *s.f.* – pata de animal.

Paupiette: *s.f.* – espécie de "bife à rolê", amarrado, feito com carne de vaca, vitela, peru ou coelho, ou com repolho (como charutos) ou com peixe.

Pavé: *s.m.* – literalmente, tijolo. É geralmente um pedaço grosso de carne de boi ou fígado de vitela. É também uma sobremesa.

Pavé d'Affinois: *s.m.* – queijo de leite de vaca, do Loire, de formato retangular, de massa mole e casca mofada. Produzido desde 1990, é cremoso de derreter na boca. Existe também como queijo aerado.

Pavé d'Auge: *s.m.* – queijo quadrado, de leite de vaca, da Normandie, de massa mole de crosta dourada.

Pavot: *s.m.* – papoula.

Paysanne (à la): *adj.* e *s.f.* – (à) moda camponesa: que leva guarnição de cenouras, nabos, cebolas e toucinho.

Peau: *s.f.* – pele.

Pêche: *s.f.* – pêssego. Também significa pesca ou pescados.

Pêche Melba: *s.f.* – sorvete de baunilha, ladeado de duas metades de pêssegos em calda e coberto com calda de framboesa. Iguaria criada por Auguste Escoffier em homenagem a uma cantora de ópera famosa.

Pechegos: *s.m.* – queijo de cabra, do Tarn, de massa prensada, envolto em uma película de especiarias.

Pêcheur: *s.m.* – literalmente: pescador. À moda do pescador.

Pélardon: *s.m.* – queijo de leite de cabra da região de Cévennes, com *AOC* desde 2000. Sua criação também é recente. Macio, pequeno e de sabor sutil, é bastante usado em saladas.

Peler: *v.t.* – descascar legumes, frutas, etc., tirar a pele.

Pelure: *s.f.* – casca ou raspa de frutas, legumes ou trufas.

Pérail: *s.m.* – queijo de ovelha do Midi-Pyrénées, de confecção artesanal. É fresco, macio, úmido e de sabor suave.

Perce-pierre: *s.f.* – ver *criste-marine*.

Perche: *s.f.* – perca.

Perles du Japon: s.f.p. – bolinhas de fécula de mandioca, semelhantes ao sagu, utilizadas em sopas e sobremesas.

Perdreau: *s.m.* – perdiz nova.

Perdrix: *s.f.* – perdiz.

Périgourdine (à la): *adj.* e *s.f.* – à moda do Périgord. Ovos, carnes, aves ou caça, servidos com molho de trufas e *foie gras*.

Périgueux: *s.m.* – molho madeira com trufas.

Persil: *s.m.* – salsinha.

Persil arabe: *s.m.* – coentro. *Coriandre*.

Persil frisé: *s.m.* – salsinha crespa.

Persillade: *s.f.* – mistura de salsinha e alho picadinhos.

Peser: *v.t.* – pesar.

Pétiole: *s.m.* – parte do caule do salsão e do ruibarbo que é comestível.

Petit Basque: *s.m.* – queijo de leite de ovelha, confeccionado pelos mesmos produtores do *Ossau-Iraty*, de sabor mais suave e menor.

Petit blé: *s.m.* – centeio.

Petit déjeuner: *s.m.* e *v.i.* – café da manhã. *Déjeuner du matin*. Tomar o café da manhã.

Petits-gris: *s.m.* – também chamado de *cagouille*. Pequeno caracol comestível. *Escargot* pequeno.

Petit Montagnard: *s.m.* – pequeno queijo prensado do Auvergne, tipo *tome*, de casca cinzenta, feito de leite de vaca.

Petits pois: *s.m.p.* – ervilhas.

Petits-fours: *s.m.p.* – biscoitos e preparações de massa, doces e salgadas, pequenas como canapés.

Pétoncle: *s.m.* – pequeno molusco da família da vieira.

Pétrir: *v.t.* – sovar.

Pet-de-nonne: *s.m.* – bolinhos de massa de bombas, fritos e servidos quentes, salpicados com açúcar. Podem ser recheados de creme ou geleia depois de frios.

Phitiviers au foin: *s.m.* – queijo redondo de leite de vaca, macio, com crosta mofada, fabricado em Orléans. Ele costumava ser recoberto com feno; hoje em dia usa-se cobri-lo com ramos de temperos. Seu sabor é adocicado.

Physalis: *s.m.* – pequena fruta amarela, envolta em folhas secas, que formam uma espécie de gaiola rendada para a fruta. É chamada também de *alkékenge, coqueret* e *amour-en-cage*.

Pibale: *s.f.* – enguia pequena, como brotos de feijão. Ver *civelle.*

Picodon: *s.m.* – *AOC* desde 1983, este pequeno queijo de cabra de Ardèche, deve seu nome a seu próprio sabor, que quer dizer em língua *d'oc* (antigo francês do Languedoc) picante. Queijo de massa seca que deve ser consumido fresco em saladas, ou maturado em marinada de azeite de oliva.

Picon: *s.m.* – bebida aromatizada com laranja amarga. Usa-se como aperitivo.

Pièce: *s.f.* – peça, porção ou pedaço.

Pièce montée: *s.f.* – grande *pâtisserie* ornamental, de formato arquitetônico para efeito decorativo. Em geral é formada de carolinas dispostas em formato de pirâmide. Ver *croquembouche*.

Pied de cochon: *s.m.* – pé de porco.

Pied-de-mouton: *s.m.* – cogumelo silvestre, bege e carnudo.

Pied de porc: *s.m.* – pé de porco. Ver *pied de cochon*.

Pieuvre: *s.f.* – ver *poulpe*.

Pigeon: *s.m.* – pombo.

Pigeonneau: *s.m.* – pombo jovem.

Pignons: *s.m.p.* – pequenos pinhões. Pignoli, snoubar.

Pilau, Pilaf: *s.m.* – pilafe: arroz cozido com cebolas e caldo, e ao meio da cocção adiciona-se carne, ou peixe, ou frutos do mar ou legumes. É moldado em forma de coroa e servido com a guarnição no centro.

Piler: *v.t.* – socar.

Piment: *s.m.* – pimentão-doce, colorau. Ver *piment doux*.

Piment brûlant: *s.m.* – pimenta calabresa. Ver também *piment rouge*.

Piment doux: *s.m.* – pimentão. Ver *piment*.

Piment rouge: *s.m.* – pimenta calabresa. Ver também *piment brûlant*.

Piment ou Poivre de Jamaïque: *s.m.* – pimenta-da-Jamaica.

Pimprenelle: *s.f.* – pimpinela: qualidade de anis cuja folha é usada em saladas.

Pince: *s.f.* – pinça utilizada para comer *escargots* ou frutos do mar.

Pincer: *v.t.* – pinçar, retirar com pinça. É também fazer dobras ou pequenos cortes para enfeitar a borda de massas de tortas.

Pineau des Charentes: *s.m.* – vinho fortificado (ao qual se acrescentou brandy de uva, durante ou após a fermentação) doce, da região de Cognac (ver apêndice de vinhos).

Pintade: *s.f.* – galinha-d'angola.

Pintadeau: *s.m.* – galinha-d'angola nova.

Piperade: *s.f.* – especialidade basca de pimentão verde, cebolas e tomates, que acompanha vários pratos.

Piquant(e): *adj.* – condimentado(a) ou picante.

Piqué(e): *adj.* e *p.pas.* – recheado(a).

Piquer: *v.t.* – introduzir na superfície: cobertura, recheio, etc. É também fazer furinhos com garfo no fundo de tortas para a massa não fazer bolhas ao assar.

Piraya ou Piranha: *s.m.* – piranha, peixe carnívoro brasileiro.

Pissaladière: *s.f.* – torta aberta como uma pizza (especialidade de Nice) recheada com anchovas e azeitonas pretas. Às vezes leva *pissalat*.

Pissalat: *s.m.* – condimento provençal preparado com purê de anchovas, cravo moído, tomilho, louro em pó e pimenta-do-reino moída, misturados com azeite de oliva.

Pissenlit: *s.m.* – dente-de-leão.

Pistache: *s.f.* – pistache.

Pistou: *s.m.* – pesto provençal: molho de manjericão, alho, pinoli e azeite de oliva. É também um minestrone provençal que leva esse molho como tempero.

Pita: *s.m.* – pão não fermentado, achatado, utilizado para sanduíches. Pão tipo sírio.

Pithiviers: *s.m.* – clássica sobremesa de massa folhada recheada com creme de amêndoas.

Planche à découper: *s.f.* – tábua de carne; tábua para cortar cebola, legumes, etc.

Plantagenêt: *s.m.* – nome de especialidades criadas pelo Sindicato dos Confeiteiros do Loire, caracterizadas pela utilização de cerejas e licor Cointreau em biscoitos, sorvetes, bolos, etc. Essas preparações levam o selo de *Appellation Plantagenêt*.

Plaquemine: *s.m.* – caqui, *kaki*.

Plat: *s.m.* – prato ou travessa.

Plat de côtes: *s.m.* – costela de boi.

Plat du jour: *s.m.* – prato do dia: é servido no almoço e costuma ter um preço fixo. Geralmente inclui no preço a entrada e a sobremesa ou a bebida.

Plat principal: *s.m.* – prato principal.

Plate: *s.f.* – espécie de ostra arredondada e achatada, comum no litoral da Bretagne.

Plateau: *s.m.* – tabuleiro ou bandeja.

Plateau de fruits de mer: *s.m.* – travessa de frutos do mar, com crustáceos crus e cozidos. Inclui ostras, mariscos, *langoustines* e caranguejos.

Pleurote: *s.m.* – pleurotus: cogumelo silvestre com grande variedade: cinza, branco, rosa, etc.

Plie: *s.f.* – linguado ou *carrelet*.

Plombières: *s.f.* – sobremesa feita com *crème anglaise* e leite de amêndoas, com *chantilly* e frutas maceradas em *kirsch*.

Pluches: *s.f.p.* – guarnição de folhas de ervas ou de verduras. São também cascas de alguns legumes, em especial de batatas.

Plumer: v.t. – depenar.

Pluvier doré: *s.m.* – maçarico, batuíra; ave que vive próxima de rios e lagoas.

Poche à douille: *s.m.* – saco de confeitar.

Poché(e): *adj.* e *p.pas.* – escaldado(a), escalfado(a), pochê.

Pocher: *v.t.* – escalfar, cozinhar em fervura branda.

Pochouse ou Pauchouse: *s.f.* – sopa de peixes de água doce, preparada com vinho branco.

Poêle: *s.f.* – frigideira.

Poêlé: *adj.* e *p.pas.* – frito em pouco óleo.

Poêler: *v.t.* – fritar com pouco óleo ou gordura (em *poêle*).

Pogne: *s.f.* – *brioche* com recheio de frutas cristalizadas, servido frio ou quente, com calda de groselha.

Poire: *s.f.* – pera. Existem centenas de variedades desta fruta: *poire d'anjou, poire Williams, poire beurré,* etc.

Poiré: *s.m.* – bebida obtida da fermentação do suco de peras frescas.

Poireau: *s.m.* – alho-poró.

Poirée: *s.f.* – espécie de acelga, semelhante à beterraba, de uma variedade conhecida como *bette à carde*, da qual se consomem as folhas e o caule.

Poires Belle-Hélène: *s.f.p.* – ver *Belle-Hélène*.

Pois: *s.m.* – ervilhas.

Pois chiche: *s.m.* – grão-de-bico.

Pois gourmand: *s.m.* – ervilha-torta.

Poisson: *s.m.* – peixe.
Poisson-chat: *s.m.* – bagre.
Poisson-limon: *s.m.* – olho-de-boi.
Poisson-lune: *s.m.* – peixe-lua. Ver *môle*.
Poissonnière : *s.f.* – fôrma ovalada especial para cozinhar peixes.
Poisson-volant: *s.m.* – peixe-voador.
Poitrine: *s.f.* – peito.
Poitrine demi-sel: *s.f.* – toucinho não defumado.
Poitrine d'oie fumée: *s.f.* – peito de ganso defumado.
Poitrine fumée: *s.f.* – toucinho defumado.
Poivrade: *s.f.* – molho básico, escuro e picante, à base de vinho tinto reduzido com vinagre, carne, *échalote* e especiarias.
Poivre: *s.m.* – pimenta (do reino).
Poivre d'âne: *s.m.* – segurelha, *sarriette*.
Poivre de Sichuan: *s.m.* – pimenta originária da China, bastante aromática. É proveniente de um arbusto, da família do freixo, e dele se aproveitam o caule e as bagas secas e moídas, sem as sementes que são muito amargas.
Poivre des moines: *s.m.* – pimenta silvestre.
Poivre frais de Madagascar: *s.m.* – pimenta-verde.
Poivre noir: *s.m.* – pimenta-do-reino.
Poivre rose: *s.m.* – bagas de pimenta-rosa.
Poivre vert: *s.m.* – pimenta-verde.
Poivron: *s.m.* – pimentão.
Polenta: *s.f.* – polenta, angu.
Polonaise: *s.f.* – *brioche* embebido em rum ou *kirsch*, recheado de frutas cristalizadas e creme, coberto com meregue e amêndoas fatiadas e dourado ao forno.
Pomelo: *s.m.* – toranja. Fruta cítrica de interior vermelho ou alaranjado, diferente da *pamplemousse* que é verde-pálido e contém mais sementes.
Pommade (en): *s.f.* – com consistência de pomada, de pasta mole.
Pomme: *s.f.* – maçã.
Pomme cannelle ou Anone écailleuse: *s.f.* – fruta-do-Conde, pinha, ata.
Pomme en l'air: *s.f.* – fatias de maçã carameladas. Em geral acompanham o *boudin noir*.

Pomme reinette: *s.f.* – tipo de maçã.

Pommes de terre: *s.f.p.* – batatas.

– *anna*: batatas em rodelas, cozidas e assadas em manteiga, no formato de uma *galette*.

– *à l'anglaise*: cozidas.

– *allumettes*: fritas em palitos.

– *boulangère*: batatas cozidas com a carne que acompanham. Ou batatas em rodelas, gratinadas com cebola e toucinho.

– *château*: cortadas em forma de cilindros, refogadas em manteiga clarificada com toucinho em cubinhos.

– *dauphine*: batatas cozidas e amassadas, misturadas com *pâte à chou*, formatadas como bolinhas e fritas.

– *dauphinoises*: batatas assadas em rodelas, com leite, alho e queijo.

– *duchesse*: batatas cozidas e amassadas com manteiga, gemas e noz-moscada.

– *en robe des champs*: batatas cozidas com a casca.

– *frites*: fritas.

– *gratinées*: batatas douradas com queijo.

– *lyonnaises*: batatas *sautées* com cebolas.

– *Pont-Neuf*: batatas fritas em rodelas ou bastonetes.

– *sautées*: cozidas e salteadas com manteiga e salsinha.

– *soufflées*: rodelas de batatas fritas duas vezes para inflá-las.

– *vapeurs*: cozidas no vapor.

Pont l'Evêque: *s.m.* – queijo quadrado, de leite de vaca, AOC desde 1976. É um queijo de crosta alaranjada e sabor acentuado.

Porc: *s.m.* – porco.

Porcelet: *s.m.* – leitão, bacorinho.

Port-Salut: *s.m.* – queijo de leite pasteurizado de vaca, de massa prensada não cozida e casca lavada, fabricado na Normandie. Seu sabor é doce e picante

Porto (au): *s.m.* – (com) vinho do Porto.

Portugaise (à la): *s.f.* – com tomates.

Portugaise: *s.f.* – ostra alongada, de concha crespa. Ver *creuse*.

Potage: *s.m.* – sopa.

Pot-au-feu: *s.m.* – prato típico francês que inclui um caldo, a carne cozida nesse caldo, e raízes e verduras, também cozidas no caldo. As carnes utilizadas devem conter uma parte magra, uma gorda e uma gelatinosa, para que o prato tenha a consistência correta.

Pot-de-crème: *s.m.* – sobremesa cremosa servida em potes individuais.

Pot-pourri: *s.m.* – ensopado composto de vários tipos de carnes.

Potée: *s.f.* – cozido feito em pote de barro com carne e legumes, servido como prato único.

Potiron: *s.m.* – moranga.

Poudre (en): *s.f.* – (em) pó.

Poularde: *s.f.* – franga engordada.

Poule: *s.f.* – galinha.

Poule d'Inde: *s.f.* – perua.

Poule faisane: *s.f.* – faisoa.

Poulet: *s.m.* – frango.

Poulet rôti: *s.m.* – frango assado.

Poulet basquaise: *s.m.* – frango acompanhado de tomates e pimentões.

Poulet de Bresse: *s.m.* – pequeno frango caipira, de alta qualidade. Possui o mesmo selo de garantia (*AOC*) dado pelo governo aos melhores produtos franceses.

Poulet de grain: *s.m.* – frango alimentado só com milho.

Poulet fermier: *s.m.* – frango caipira, frango criado solto.

Poulette: *s.f.* – franga.

Pouligny Saint Pierre: *s.m.* – AOC desde 1976, este queijo é uma "pirâmide" de leite de cabra do Loire, de massa branca brilhante e crosta mofada que se tinge de azul conforme a maturação. Leva um rótulo verde se é de fabricação caseira, e vermelho se é industrializado.

Poulpe: *s.m.* – polvo. Ver *pieuvre*.

Pourboire: *s.m.* – gorjeta.

Pourpier: *s.m.* – beldroega. Algumas espécies são cultivadas como salada.

Pousse-pierre: *s.m.* – alga comestível. Ver *parce-pierre* e *passe-pierre*.

Pousser: *v.t.* – crescer, fermentar.

Poussin: *s.m.* – pintinho.

Poutargue: *s.f.* – bottarga: ova de peixe (tainha) prensada e seca. Especialidade provençal.

Poutine: *s.f.* – mistura de batatas fritas e queijo ralado, regados com molho quente.

Praire: *s.f.* – pequeno molusco marinho comestível que vive enfurnado na areia.

Pralin: *s.m.* – amêndoas moídas e misturadas à calda ou creme. Às vezes é usada calda de açúcar para endurecer, depois, a mistura é socada e usada em recheios e coberturas de doces.

Praline: *s.f.* – pralina: amêndoas ou avelãs torradas, envoltas em açúcar queimado. Também é um bombom com recheio cremoso de amêndoas, ou outros ingredientes.

Praliné: *s.m.* – mistura de chocolate e pralina triturados.

Présure: *s.f.* – coalho.

Presse-agrumes ou Presse-citron: *s.m.* – espremedor de laranja e frutas.

Presse-purée: *s.m.inv.* – utensílio de cozinha próprio para reduzir legumes a um purê.

Presskopf: *s.f.* – ver *tête pressée* ou *fromage de tête*.

Primeurs: *s.f.p.* – com legumes; refere-se aos primeiros frutos e verduras frescos da terra, geralmente produzidos antes da estação.

Pincesse: *s.f.* – recheio de carne, ave ou peixe que leva pontas de aspargos e trufas.

Printanière: *adj.* e *s.f* – de primavera: guarnição de legumes cortados em cubinhos.

Printemps: *s.m.* – primavera.

Prix fixe: *s.m.* – menu a preço fixo.

Prix net: *s.m.* – preço com o serviço incluído.

Profiterole: *s.f.* – carolinas recheadas de sorvete de baunilha e cobertas com calda de chocolate.

Provençal(e): *adj.* e *s.m.* e *f.* – à moda da Provence: com alho, tomates e azeite de oliva. O molho (*sauce provençale*) leva também cebolas e vinho branco.

Prune: *s.f.* – ameixa fresca.

Pruneau: *s.m.* – ameixa seca.

Psalliote: *s.f.* – cogumelo. Ver *champignon de couche* ou *de Paris*.

Puits d'Amour: *s.m.* – doce feito com um cilindro de massa folhada, com coroa de massa de bomba, assados unidos e depois recheados com *crème pâtissière* de baunilha ou pralina, queimado como *crème brûlée* ou coberto com geleia de frutas vermelhas.

Pulpe: *s.f.* – polpa.

Puncher: *v.t.* – embeber bolo com líquido ou calda.

Purée: *s.f.* – purê de frutas.

Pyrénées: *s.m.* – queijo regional feito com leite de vaca, de massa prensada e artesanal.

Q

Quadriller: *v.t.* – riscar ou marcar em quadrados, topos de tortas, carnes, etc.

Quatre-épices: *s.m.inv.* – é uma erva natural das Antilhas, usada como tempero. Geralmente se usa uma mistura de pimenta preta, gengibre, noz-moscada, coentro, cravo e canela, moídos, para substituir.

Quatre-quarts: *s.m.inv.* – bolo feito com ovos e, o equivalente ao peso dos ovos, em farinha, açúcar e manteiga. Geralmente adiciona-se também uma fruta.

Quenelle: *s.f.* – bolinho de vitela, peixe ou ave, parecido com almôndega.

Quetsche: *s.f.* – tipo de ameixa preta, pequena, de casca roxa e polpa amarelada.

Queue (de boeuf): *s.f.* – rabo (de boi), rabada.

Quiche: *s.f.* – torta salgada tradicional da Lorraine, de cubinhos de toucinho, ovos batidos e creme: quiche.

Quinoa: *s.m.* – quinoa: grãos de uma planta boliviana, usados como cereal. São redondos e achatados como lentilhas, de cor dourada ou vermelha.

Quinquina: *s.m.* – quinina: árvore originária da América do Sul cuja casca, rica em quinino, é usada para fazer um aperitivo chamado *Dubonnet*.

R

Rabattre: *v.t.* – rebater; ação de dobrar a massa sobre si mesma várias vezes.

Râble de lièvre ou de lapin: *s.m.* – lombo de lebre ou de coelho.

Racine: *s.f.* – raiz.

Raclette: *s.f.* – queijo suíço próprio para o preparo do prato de mesmo nome. É um queijo que derrete de forma homogênea, sem transpirar gordura. O queijo é derretido em fatias em um aparelho próprio e servido sobre batatas cozidas, embutidos, cebolas em conserva e *cornichons*.

Radis: *s.m.* – rabanete.

Radis noir: *s.m.* – rabanete de inverno, comprido como

nabo, de casca negra.

Rafraîchir: *v.t.* – refrescar, baixar a temperatura.

Ragoût: *s.m.* – ensopado, de pedaços carne, peixe, ave ou caça, com legumes, em caldo espesso.

Raidir: *v.t.* – enrijecer. Início de cocção em calor muito forte.

Raie: *s.f.* – arraia.

Raifort: *s.m.* – raiz-forte.

Raifort du japon: *s.m.* – wasabi.

Raisin: *s.m.* – uva.

Raisin sec: *s.m.* – uva passa.

Ramequin: *s.m.* – vasilha refratária, redonda e pequena, de uso individual. É também a preparação feita nesta vasilha.

Ramollir (faire): *v.t.* – (fazer) amolecer.

Râpé: *adj.* e *p.pas.* – ralado, raspado.

Râper: *v.t.* – ralar.

Rascasse: *s.f.* – peixe-escorpião ou escorpena: peixe típico dos mares da França, de carne muito apreciada.

Ratafia: *s.m.* – licor caseiro.

Ratatouille: *s.f.* – preparação feita com berinjela, alho, abobrinha, cebolas, tomates, e pimentões, picados, grelhados em separado e depois cozidos juntos e temperados em azeite de oliva. Geralmente é servida fria.

Ravigote: *s.f.* – molho picante, frio ou quente. A *ravigote* fria leva alcaparras, ervas finas e cebolas picadas. A quente leva caldo de vitela, *échalotes*, ervas finas picadas e vinho branco com vinagre reduzidos.

Rayer: *v.t.* – fazer incisões com a ponta de uma faca, no topo de tortas pinceladas com ovo, para desenhar "raios" ao assar e decorar.

Reblochon: *s.m.* – o verbo francês *reblocher* significa: tirar o leite das vacas uma segunda vez a fim de extrair a maior quantidade possível de nata. *AOC* desde 1976, o *Reblochon* é um queijo industrializado e bem maturado, da região dos Alpes. Tem um sabor sutil de avelãs e se for caseiro, seu caráter será mais forte aliado ao sabor adocicado.

Réchaud: *s.m.* – aparelho portátil para aquecimento de alimentos. Usado com frequência para fondues.

Réchauffer: *v.t.* – reaquecer.

Réduire: *v.t.* – reduzir: diminuir a quantidade (de líquidos) com a ação do calor.

Régénérer: *v.t.* – regenerar.

Reine (à la): *s.f.* – preparações de cozinha clássica caracterizadas pela presença de aves, e às vezes trufas, cogumelos ou rins, e molho cremoso.

Reine-claude: *s.f.* – tipo de ameixa de cor amarelo-dourada ou verde.

Reinette: *s.f.* – *pomme reinette*: tipo de maçã que produz no outono/ inverno.

Relâcher: *v.t.* – diluir.

Relais: *s.m.* – hotéis ou pousadas pequenos e charmosos que possuem restaurante.

Religieuse: *s.f.* – bombinha de chocolate redonda, sobreposta por uma bombinha menor. Depois é decorada com *fondant* de chocolate e com creme ou *chantilly*. Leva este nome porque lembra a imagem de uma freirinha.

Rémoulade: *s.f.* – molho derivado da maionese, que leva mostarda, alcaparras, *cornichons*, ervas finas picadas e uma pitada de anchovas.

Remuer: *v.t.* – mexer.

Restaurant: *s.m.* – nome genérico para todos os restaurantes – nas grandes cidades costumam ser os mais caros.

Restauration Rapide: *s.f.* – comida rápida, *fast-food*.

Retomber: *v.t.* – murchar; solar, desandar.

Revenir: *v.t.* – revirar em gordura.

Rhubarbe: *s.f.* – ruibarbo.

Rhum: *s.m.* – rum.

Richelieu: *s.m.* – acompanhamento para carnes constituído de tomates e *champignons* recheados, alface refogada e batatas *château*.

Ricin: *s.m.* – rícino.

Ricotta: *s.f.* – ricota.

Rigotte de Condrieu: *s.f.* – queijo de leite de vaca cujo nome significa "cozido duas vezes", como ricotta, em italiano. Queijo de massa mole, não prensado e não cozido, da região lyonnaise. Com mais tempo de maturação, sua crosta adquire um bolor levemente azulado.

Rillettes: *s.f.p.* – tipo de patê enformado, feito com carne picadinha de porco, ou ganso, ou pato, ou peixe ou coelho.

Rillons: *s.m.p.* – pedaços fatiados de barriga de porco, fritos até ficarem crocantes. É uma espécie de torresmo. Pode também ser feito com pato ou ganso.

Rince-doigts: *s.m.* – lavanda: para lavar os dedos quando se come com as mãos.

Rioler: *v.t.* – colocar tiras de massa em diagonal, formando um xadrez.

Ris d'agneau: *s.m.* – molejas (timo ou pâncreas) de cordeiro.

Ris de veau: *s.m.* – molejas de vitela.

Rissole: *s.f.* – pastel de massa folhada com recheio de carne moída ou peixe.

Rissoler: *v.t.* – dourar uniformemente.

Rivière: *s.f.* – rio.

Riz: *s.m.* – arroz.

Riz à l'Impératrice: *s.m.* – enformado de arroz-doce, gelado, entremeado de frutas cristalizadas.

Riz complet: *s.m.* – arroz integral.

Riz parfumé ou riz thaï: *s.m.* – arroz tailandês, jasmine.

Riz sauvage ou noir: *s.m.* – arroz-selvagem.

Riz surinam: *s.m.* – arroz-agulhinha.

Robert: *s.m.* – molho de cebola picada, caldo de carne e vinho branco. Também é um molho de vinho branco, vinagre e mostarda, feito para acompanhar costeletas de porco.

Robot: *s.m.* – processador de alimentos.

Rocamadour: *s.m.* – em sua origem, este queijo chamava-se *Cabécou de Rocamadour*. Desde 1995, data da concessão de seu *AOC*, seu nome é somente "*Rocamadour*", nome da cidade onde nasceu. *Cabécou* passou a significar os queijos de mesma fabricação, mas que não correspondem a certos critérios exigidos pelo selo *AOC*. Queijo feito exclusivamente de leite cru e integral, de cabra, da região do Midi.

Rochebaron: *s.m.* – ver *Montbriac*.

Rocou: *s.m.* – urucum.

Rognonnade: *s.f.* – preparado de lombo de vitela com os rins.

Rognons: *s.m.p.* – rins.

Rollot: *s.m.* – queijo de leite de vaca da Picardie, artesanal, em forma de coração ou redondo, feito inteiramente com leite cru.

Romaine: *adj.* e *s.f.* – molho feito com vinagre balsâmico, pignoli, uvas passas brancas e pretas. Também é uma alface de folhas escuras, longas e crocantes.

Romarin: *s.m.* – alecrim.

Romsteck ou Rumsteck: *s.m.* – alcatra.

Ronce: *s.f.* – amoreira silvestre.

Rond de gîte: *s.m.* – corte de carne de boi: lagarto.

Rondelé: *s.m.* – queijo cremoso industrializado, de leite pasteurizado de vaca, temperado com alho e ervas finas.

Rondelle: *s.f.* – rodela.

Roquefort: *s.m.* – queijo de leite de ovelha, *AOC* desde 1979. Os célebres veios azuis são uma "podridão nobre" fruto de maturação em caves naturais, o que lhes confere um bouquet particular e uma textura única.

Roquette ou Rouquette: *s.f.* – rúcula.

Rosé: *adj.* e *s.m.* – rosado: ponto de carne malpassada. E também o vinho rosado.

Rosette (de porc): *s.f.* – espécie de salame, de carne e gordura de porco, tradicional da região de Lyon e Beaujolais.

Rösti ou Rœsti: *s.m.p.* – prato suíço preparado com batatas fatiadas douradas em frigideira.

Rôti (e): *s.m.* e *f.* e *p.pas.* – assado(a) ou grelhado por igual.

Rôtie: *s.f.* – fatia de pão grelhada.

Rôtir: *v.t.* – assar em forno ou *rôtissoire*.

Rôtisserie: *s.f.* – originalmente era o local onde ficava o *rôtissoire* para fazer os assados. Hoje é onde se compra comida em porções para levar para casa – massas, carnes, comida pronta ou semipronta.

Rôtissoire: *s.f.* – grelha onde se preparam os assados.

Rouelle: *s.f.* – fatia redonda. Fatia espessa de coxa de vitela ou porco.

Rouget ou Rouget barbet: *s.m.* – vermelho: peixe marinho de sabor suave, de pele avermelhada.

Rouget-grondin: *s.m.* – trilha: peixe marinho menor que o vermelho.

Rouille: *s.f.* – molho grosso provençal, condimentado, de cor de ferrugem, preparado com azeite de oliva, pimentões vermelhos ou açafrão, pimenta vermelha, tomates e alho.

Roulade: *s.f.* – preparação recheada e enrolada em forma cilíndrica. Embutido em forma cilíndrica.

Roulé (e): *adj.* e *p.pas.* – enrolado(a).

Rouleau de Printemps: *s.m.* – preparação da cozinha vietnamita: rolinho primavera.

Rouquette: *s.f.* – ver *roquette*.

Roussette: *s.f.* – espécie de cação do litoral da França.

Roux: *s.m.* – mistura espessante, feita de farinha de trigo e manteiga misturadas em partes iguais, usada para engrossar caldos e molhos.

Royale: *adj.* e *s.f.* – preparação à base de purê de legumes, ovos e carne de ave, enformada e assada em banho-maria, depois usada fria, cortada em cubinhos, para guarnecer sopas leves.

Rue odorante: *s.f.* – arruda.

Rumsteck: *s. m.* – alcatra.

Russe: *s.f.* – panela de cobre com o interior recoberto de estanho.

Russule charbonnière: *s.f.* – cogumelo comestível de chapéu grande e afundado no centro.

S

Sabayon: *s.m.* – creme fluido, de origem italiana, doce e leve, preparado com gemas, açúcar e vinho. Zabaione.

Sablé: *s.m.* – biscoito feito com açúcar, farinha, gemas e manteiga, de consistência quebradiça e leve, aromatizado de baunilha, ou canela, ou limão, etc.

Sabler: *v.t.* – misturar manteiga e farinha até a consistência de areia.

Sacristain: *s.m.* – *petit-four* de massa folhada cortada em bastonetes e torcida, entremeada de amêndoas e açúcar.

Safran: *s.m.* – açafrão.

Safraner: *v.t.* – colorir com açafrão.

Saignant(e): *adj.* e *p.pas.* – sangrento(a).

Saindoux: *s.m.* – banha de porco derretida.

Sainte Maure de Touraine: *s.m.* – queijo de cabra no formato de um cilindro, atravessado por uma palha de trigo e com o selo *AOC* gravado (obtido em 1990). Queijo macio, de casca mofada, de sabor levemente adocicado.

Sainte Menehould: *s.f.* – especialidade da cidade de mesmo nome: pés de porco cozidos, empanados e fritos, servidos com o molho também de mesmo nome, que leva mostarda ou cebolas, ou vinagre ou ervas finas.

Saint-Agur: *s.m.* – queijo de estrias azuis, de leite de vaca pasteurizado, fabricado em Vélay, no Loire.

Saint-Félicien: *s.m.* – queijo de leite de vaca, originário da região lyonnaise e muito semelhante ao *Saint Marcellin*, apenas mais cremoso e mais doce devido ao teor ligeiramente mais alto de gorduras.

Saint-Florentin: *s.m.* – bolo embebido em *kirsch*, recheado com merengue e cerejas em calda e recoberto com *fondant* cor-de-rosa.

Saint-Germain: *s.m.* – guarnição de ervilhas ou com ervilhas.

Saint-Honoré: *s.m.* – bolo de massa folhada com recheio de creme *chantilly*, coberto com carolinas recheadas.

Saint-Hubert: *s.m.* – preparações de caça em geral. É também um molho condimentado, escuro, com castanhas e toucinho.

Saint-Jacques (coquille): *s.m.* – vieira.

Saint-Marcellin: *s.m.* – queijo pequeno e redondo, de leite de cabra ou de vaca, da região do Rhône. É muito apreciado puro, em saladas ou ao forno.

Saint-Nectaire: *s.m.* – queijo prensado, de leite de vaca, produzido no Auvergne, *AOC* desde 1979.

Saint-Paulin: *s.m.* – queijo de leite de vaca, da Normandie, que antigamente era fabricado por monges. Hoje é bastante industrializado. A textura deste queijo faz dele um dos mais consumidos na França. A crosta é úmida e alaranjada.

Saint-pierre: *s.m.inv.* – peixe marinho, redondo e achatado, de carne branca e leve.

Saisir: *v.t.* – expor; colocar em fogo muito forte, como em uma salamandra. Selar (a carne).

Saison: *s.f.* – estação, época.

Saké: *s.m.* – saquê.

Salade: *s.f.* – salada.

Salade de blé: *s.f.* – Ver *mâche*.

Salade de fruits: *s.f.* – salada de frutas. Ver *macédoine*.

Salade folle: *s.f.* – salada "louca", que mistura vários ingredientes diferentes.

Salade mixte: *s.f.* – salada mista.

Salade russe: *s.f.* – salada russa: legumes picados misturados com molho maionese.

Salade verte: *s.f.* – salada verde.

Salami: *s.m.* – salame tipo italiano.

Salé: *adj.* e *s.m.* – salgado.

Salers: *s.m.* – queijo de leite de vaca, tipo *cantal*, do Auvergne, com *AOC* obtido em 1979. É prensado em peças de 40kg e é totalmente artesanal.

Salicorne: *s.f.* – planta marinha comestível, usada como legume e para perfumar alguns pratos, pelo aroma e por conter sal.

Salmis: *s.m.* – *ragoût* de aves de caça, ou de pato, ou pombo ou galinha-d'angola.

Salon de Thé: *s.m.* – salão de chá. Serve doces, pequenos sanduíches, *petits-fours*, bolos, chocolate, bebidas quentes, etc.

Salpicon: *s.m.* – salpicão salgado: carnes ou legumes picados em cubinhos, misturados com molho. Salpicão doce: frutas picadas com creme ou xarope.

Salsifis: *s.m.* – salsifi, branco ou negro: é uma planta de raízes comestíveis. Suas raízes são usadas como legume, cozidas ou em saladas. O salsifi negro é também chamado de *scorsonère*.

Sandre: *s.m.* – grande peixe de rio, semelhante à perca.

Sandwich mixte: *s.m.* – *baguette* com queijo *gruyère* e presunto. Em geral é servido frio. *Mixte*.

Sang: *s.m.* – sangue.

Sanglier: *s.m.* – javali.

Sapotile : *s.f.* – fruta originária da América: sapoti.

Sardine: *s.f.* – sardinha.

Sarment (jus de): *s.m.* – sarmento. Também é suco de uva.

Sarrasin: *s.m.* – trigo sarraceno; *blé noir*. Muito usado para fazer *crêpes* e *galettes*.

Sarriette: *s.f.* – segurelha, *poivre d'âne*.

Sassafras: *s.m.* – sassafrás.

Saucisse: *s.f.* – linguiças ou salsichas:
– *chaude*: quente.
– *de Francfort*: tipo hot-dog.
– *de Morteau*: de porco defumado.
– *de Strasbourg*: de pele vermelha, muito semelhante à salsicha.
– *de Toulouse*: linguiça de porco, enrolada, suave e rústica.
– *Cervelas de Lyon*: salsicha curta e grossa.
– *Merguez*: linguiça seca de carne de boi e carneiro.

Saucisson: *s.m.* – salsichão: embutido grande e seco, como o salame, e comido em fatias, como frios. Quando

fresco, em geral pode ser:
- *saucisson chaud*: salsichão quente.
- *à l'ail*: embutido de alho, em geral para ser cozido e servido quente.
- *d'Arles*: embutido do tipo salame, seco.
- *de campagne*: qualquer embutido à moda do campo.
- *en croûte*: embutido cozido com massa envolta.
- *de Lyon*: embutido de porco seco, temperado com alho e pimenta-do-reino e recheado com pedaços de gordura de porco. Às vezes leva pistaches ou trufas.
- *sec* – qualquer embutido ou salame, seco.

Sauge: *s.f.* – sálvia.

Saumon: *s.m.* – salmão.

Saumon sauvage: *s.m.* – salmão selvagem. Salmão que não foi criado em tanques.

Saumon d'Ecosse: *s.m.* – salmão escocês.

Saumon fumé: *s.m.* – salmão defumado.

Saumonné(e): *adj.* – salmonado(a).

Saumoneau: *s.m.* – salmão jovem.

Saupiquet: *s.m.* – molho clássico, preparado com especiarias, vinho tinto, *verjus*, cebolas e caldo do cozimento da carne que acompanha. No final, é engrossado com farinha de rosca.

Saupoudrer: *v.t.* – polvilhar.

Saurer: *v.t.* – tratar por salga, secagem ou defumação um alimento, notadamente arenque, para fins de conservação.

Sauris: *s.m.* – salmoura para salgar arenques.

Sauté(e): *adj.* – salteado(a), refogado(a).

Sauter: *v.t.* – saltear, refogar.

Sauvage: *adj.* – selvagem, silvestre.

Savale: *s.f.* – pirapema (peixe).

Savarin: *s.m.* – bolo em forma de coroa, de massa levedada com fermento fresco. Depois de assado é embebido em calda de açúcar e rum, e guarnecido com creme ou *chantilly*, e frutas cristalizadas ou frescas.

Saveur: *s.f.* – sabor.

Savoyarde (à la): *adj.* e *s.f.* – batatas gratinadas com leite e queijo. Também se refere a diversas preparações de ovos que levam batatas e queijo. Pode ser também a *fondue savoyarde*, que é feita com queijo comté.

Scampi: *s.m.p.* – ver *langoustine*.

Scarole: *s.f.* – escarola.
Sec: *adj.m.* – seco.
Sèche: *adj.f.* – seca.
Sécher: *v.t.* – secar.
Seiche: *s.f.* – siba: tipo de lula do Mediterrâneo da qual se extrai a tinta negra para colorir e condimentar pratos; sépia.
Seigle: *s.m.* – centeio.
Sel: *s.m.* – sal.
Selle d'agneau: *s.f.* – pernil traseiro do cordeiro sem osso.
Selles sur Cher: *s.m.* – queijo de cabra do Loire, *AOC* desde 1975. É redondo, macio e de casca mofada recoberta por uma fina camada de cinzas de carvão de madeira, para acentuar o sabor.
Semoule: *s.f.* – sêmola, semolina.
Semoule de maïs: *s.f.* – fubá.
Sérac: *s.m.* – queijo feito a partir do soro do leite coalhado de cabra, aquecido a 80° C. Suas características são semelhantes às da ricota dura e alguns criadores acrescentam um pouco de nata ou leite de vaca. É um queijo fresco, excelente para sobremesas, culinária e para fondues. Deve ser consumido fresco, em no máximo uma semana.
Sériole: *s.f.* – olhete (peixe).
Serpolet: *s.m.* – serpão: erva para condimentar, semelhante ao tomilho.
Serveur ou serveuse: *s.m.* e *s.f.* – serviçal de um café ou restaurante.
Service compris: *s.m.* – serviço incluído.
Service non compris: *s.m.* – serviço não incluído.
Serviette: *s.f.* – guardanapo.
Sésame: *s.m.* – gergelim.
Silure: *s.m.* – peixe de água doce sem escamas, semelhante ao bagre.
Singer: *v.t.* – polvilhar com farinha.
Sirop: *s.m.* – xarope ou calda rala.
Snack-bar: *s.m.* – tipo de local semelhante às lanchonetes do Brasil.
Sobronade: *s.f.* – sopa rústica do Périgord que leva feijão-branco, legumes, temperos e carne de porco.
Soissons: *s.m.p.* – feijão-branco grande e robusto, seco

ou fresco.

Soja: *s.m.* – soja.

Sole: *s.f.* – linguado ovalado.

Solférino: *s.m.* – molho de tomates, caldo deglaçado de carne, pimenta de cayena e suco de limão, emulsionados com manteiga *maître d'hotel* com estragão e *échalotes*.

Solilemme: *s.m.* – *brioche* alsaciano, à base de manteiga, creme e ovos; servido quente, com manteiga salgada. Pode também ser fatiado e apresentado com fatias de peixe defumado.

Sommelier: *s.m.* – garçom que cuida dos vinhos.

Sorbet: *s.m.* – *sherbet.* Sorvete à base de água ou suco de fruta.

Soubise: *s.f.* – molho de cebolas ou purê de cebolas engrossado com arroz. É também uma preparação de ovos sobre esse purê.

Souchet: *s.m.* – molho à base de legumes, *fumet* de peixe e vinho branco.

Suer: *v.t.* – suar; início de cocção com pequenas gotas.

Sou-Fassum: *s.m.* – especialidade da Provence, feita com repolho recheado com picadinho de acelga, toucinho, arroz e carnes moídas, cozida em caldo de carne.

Soufflé: *s.m.* – suflê. Prato de forno, doce ou salgado, preparado com claras em neve para aerar e dar volume.

Soupe: *s.f.* – sopa.

Soupe au pistou: *s.f.* – sopa tradicional que leva molho pesto como tempero.

Sous-plat: *s.m.* – prato maior, que fica sob o prato onde se come.

Spatule: *s.f.* – espátula.

Steak: *s.m.ang.* – bife.

Steak tartare: *s.m.ang.* – bife tartar.

Stockfisch: *s.m.* – bacalhau salgado e seco, da Noruega. Peixe seco e salgado em geral.

Strier: *v.t.* – fazer estrias.

Succès au pralin: *s.m.* – bolo de claras batidas com açúcar e amêndoas confeitadas, montado em camadas entremeadas de creme.

Sucre: *s.m.* – açúcar. Em geral, é vendido em cubinhos (*sucre en morceau*). Açúcar solto é *sucre en poudre*.

Sucre cristallisé blanc: *s.m.* – açúcar cristalizado.

Sucre glace: *s.m.* – açúcar de confeiteiro.
Sucre inverti: *s.m.* – açúcar líquido, glucose.
Sucre roux: *s.m.* – açúcar mascavo. Ver *cassonade*.
Sucré(e): *adj.* e *p.pas.* – açucarado(a), adoçado(a), com açúcar.
Sucrette: *s.f.* – pastilhas de adoçante artificial.
Sucrin (melon): *adj.m.* – variedade de (melão) bastante doce.
Sucrine: *s.f.* – alface semelhante à alface-romana.
Suprême: *s.m.* – peito desossado de ave, filé de caça ou filé de peixe. É também o molho que acompanha, claro ou escuro, ligado com farinha, manteiga e creme de leite.
Sureau noir: *s.m.* – árvore europeia, que produz um fruto em cachos, negro e miúdo, usado para geleias, xaropes e licores.
Surimi: *s.m.* – kani-kama.
Suze: *s.f.* – marca de licor amargo destilado da raiz da genciana de flores amarelas.
Suzette: *s.f.* – sobremesa de crepes servidos com licor de *mandarine*, curaçao, raspas de laranja, açúcar e manteiga.

T

Tabac: *s.m.* – tabaco. Também significa *bar tabac*: bar e tabacaria.
Table: *s.f.* – mesa.
Table d'hôte: *s.f.* – refeição de grupos, com horário e preço fixos. Geralmente são lugares no interior, de cozinha regional e caseira, e alguns possuem hospedagem.
Tableau: *s.m.* – quadro-negro.
Tablette de chocolat: *s.f.* – barra de chocolate.
Tablier de Sapeur: *s.m.* – especialidade de Lyon: tripa empanada e grelhada, servida com manteiga de alho e ervas, molho *gribiche* ou molho *tartare*.
Tabboulé: *s.m.* – tabule.
Tagine ou Tajine: *s.m.* – ensopado marroquino condimentado feito em panela de barro fechada, de cozimento lento. Pode ser de legumes com vitela, cordeiro, frango, peixes e até de frutas.
Tahitienne (à la): *adj.* e *s.f.* – à moda do Tahiti: peixe cru filetado ou picado em cubinhos, marinado em suco de limão

e azeite, sal e pimenta-do-reino, servido com tomates e coco ralado.

Talmouse: *s.f.* – salgadinho à base de queijo, cuja confecção remonta à Idade Média.

Tamarin: *s.m.* – tamarindo.

Tamarille: s.m. – fruta da América do Sul, conhecida como tomate-de-árvore ou tomate-francês; é da mesma família do tomate.

Tamié: *s.m.* – queijo de leite de vaca, fabricado por monges trapistas na Abadia *Notre Dame de Tamié*, na região de Bauges, nos Alpes. Desde 1861 os monges fabricam o queijo que leva seu nome e é a principal fonte de recursos da comunidade. É um queijo semelhante ao *Reblochon*, de crosta cor de açafrão, massa cremosa e sabor pronunciado.

Tamiser: *v.t.* – peneirar.

Tanche: *s.f.* – tenca ou tainha-dos-rios: peixe de água doce, com sabor suave e delicado; muitas vezes ingrediente do *matelote* – ensopado de peixes de água doce.

Tant pour Tant: *s.m.* – mistura de açúcar de confeiteiro (50%) e farinha de amêndoas (50%).

Tapenade: *s.f.* – pasta de origem provençal, feita de azeitonas pretas, anchovas ou atum, alcaparras, azeite de oliva e suco de limão. Usa-se com legumes crus em salada ou torradas.

Tapenade verte: *s.f.* – o mesmo preparado de *tapenade* feito com azeitonas verdes.

Tarama: *s.m.* – especialidade de origem grega: é uma pasta feita de ovas de bacalhau fresco (ou carpa, ou salmonete), amassadas com pão umedecido, sal, pimenta, vinagre e suco de limão. Depois é emulsionada com azeite de oliva até atingir a consistência correta.

Tarentais d'Alpage: *s.m.* – queijo caseiro de leite de cabra de formato cilíndrico, feito na Savoie.

Tartare (sauce): *adj.* – molho tártaro: maionese com cebola e cebolinha picadas.

Tartare: *s.m.* – carne crua picada ou moída, servida com vários condimentos, cebola e salsinha bem picadas, alcaparras e um ovo cru por cima. *Steak tartare*.

Tartare de saumon: *s.m.* – salmão cru picado e preparado com temperos, ovo cru e alcaparras, às vezes com ovas de salmão e salmão defumado picado, misturado com maionese. Pode ser feito com várias espécies de peixes.

Tarte: *s.f.* – torta doce ou salgada. Geralmente é uma torta aberta.

Tarte Tatin: *s.f.* – torta de maçã caramelada que é assada invertida (com as maçãs para baixo e a massa por cima) e depois virada (com as maçãs para cima) para servir.

Tartelette: *s.f.* – torta pequena.

Tartine: *s.f.* – sanduíche aberto; pão com manteiga e/ou geleia, aberto.

Tartiner: *v.t.* – passar manteiga, geleia, pasta ou creme numa fatia de pão ou torrada.

Tasse: *s.f.* – xícara.

Taupinière de Charentes: *s.f.* – queijo em forma de bola, de leite de cabra, da região de Poitou-Charentes. Sua crosta é salpicada de cinzas de carvão vegetal.

Tende de tranche: *s.m.* – corte de carne de boi: coxão mole.

Tendre: *adj.* – tenro.

Tendrons: *s.m.p.* – corte de carne de boi: ponta de agulha.

Terrine: *s.f.* – fôrma de cerâmica refratária ou inox, utilizada para cozinhar carnes, aves, gorduras, peixes ou legumes, picados e condimentados. É também a própria mistura, tipo patê, cozida nessa fôrma. Pode ser:

– *d'anguille*: de enguia.
– *de boeuf*: de boi.
– *de caille*: de codorna.
– *de campagne*: à moda do campo.
– *de canard*: de pato.
– *du chef*: à moda do chef.
– *de faisan*: de faisão.
– *de foie*: de fígado.
– *de foies de volaille*: de fígado de galinha e frango.
– *de grives*: de tordos.
– *Maison*: à moda da casa.
– *de perdreau*: de perdiz.
– *de porc*: de porco.
– *de veau*: de vitela.
– *de volaille*: de galinha ou frango.
– *E uma infinidade de outras combinações...*

Tête de Moine: *s.m.* – a tradução literal é "cabeça de monge". É um queijo de leite de vaca, do Jura, degustado em pétalas, que são obtidas através do corte com um aparelho chamado *girolle*.

Tête de veau: *s.f.* – cabeça de vitela: é utilizada em preparações variadas, geralmente de *charcuterie*.

Tête Pressée: *s.f.* – especialidade da Alsace, também conhecida como *presskopf*: preparação fria de carne de meia cabeça de porco, dois pés e uma orelha, que são picados e assados em fôrma refratária e depois desenformados e servidos como *terrine*. Ver fromage de tête.

Tétine: *s.f.* – úbere.

Thé: *s.m.* – chá.

Théière: *s.f.* – chaleira.

Thermidor: *s.m.* – preparação de carne de lagosta em pedaços, servidos nas cascas da lagosta, com molho *bercy* ou molho *mornay*, gratinados com queijo.

Thon: *s.m.* – atum.

Thon blanc: *s.m.* – albacora.

Thym: *s.m.* – tomilho.

Tian: *s.m.* – travessa refratária rasa, usada para gratinar. É também o prato feito nesta travessa.

Tiède: *adj.* – morno.

Tige: *s.f.* – talo, caule, em geral de temperos frescos.

Tilleul: *s.m.* – tília; infusão da flor da tília.

Timbale: *s.f.* – preparação enformada de massa com recheios úmidos variados, servida como entrada.

Tisane: *s.f.* – tisana, infusão feita com folhas medicinais, chá.

Toasteur: *s.m.* – torradeira. *Grille-pain*.

Tomate: *s.f.* – tomate.

– *cerise*: tomate cereja.

– *cocktail*: um pouco maior que o tomate cereja, e mais doce.

– *raisin*: pequenos e em cachos, como uvas.

– *coeur de boeuf*: tomate grande em forma de coração.

– *Roma*: tomate italiano.

– *marmand:* tomate caqui.

– *des Andes*: tomate alongado como um pimentão.

– *montfavet*: tomates redondos e carnudos.

Tomber: *v.t.* – reduzir; deixar cair em chuva.

Tome des Bauges: *s.f.* – queijo fabricado com leite cru, de vaca, da região dos Alpes, *AOC* desde 2002. Reconhece-se sua origem pela placa de caseína aplicada sobre sua crosta: vermelha se é um queijo industrializado, e verde se é de origem caseira.

Tomme de Savoie: *s.f.* – queijo de leite de vaca, dos Alpes. Esse nome é genérico, pois em geral o queijo leva o nome da cidade onde é feito: Megève, Beaufort, etc. Sua crosta é cinzenta, geralmente coberta de florações do bolor natural da maturação. Às vezes é enriquecido com *Marc* de uvas, com cominho ou erva-doce.

Tom-Pouce: *s.m.* – doce feito com *pâte sucrée*, creme de manteiga e avelãs, aromatizado com café e recoberto de *fondant* de café.

Tonkinois: *s.m.* – bolo de amêndoas, recheado com creme de manteiga, coberto nas laterais pelo mesmo creme e amêndoas laminadas. O topo leva *fondant* de laranja e coco ralado.

Topinambour: *s.m.* – tubérculo originário da América do Norte, semelhante à batata: tupinambo ou tupinambor.

Toque: *s.f.* – chapéu de chef de cozinha, de formato cilíndrico.

Tortillon: *s.m.* – *petit-four* doce, de massa folhada cortada em palitos e torcida, com frutas cristalizadas ou amêndoas.

Tortue: *s.f.* – tartaruga.

Tortue (en): *s.f.* – cabeça de vitela ensopada com a língua e o pâncreas num molho de vinho branco, com cogumelos, azeitonas e *cornichons*, e depois enformada em massa e assada.

Toulousaine (à la): *adj.* e *s.f.* – à moda de Toulouse: são várias as preparações do sudoeste francês que levam este nome: frango cozido ou grelhado; tortinhas variadas de frango ou de trufas, ou gelatina de cabeça de porco e crista de galo, ou timo de cordeiro ou vitela, ou cogumelos, ou *quenelles*.

Toupinel: *s.m.* – batatas cozidas e recheadas com o miolo da batata amassado com sal, noz-moscada, manteiga e creme, regado com molho *mornay*. Sobre cada batata coloca-se um ovo pochê, mais molho e leva-se para gratinar.

Tour: *s.m.* – tabuleiro de mármore onde se trabalha a *pâtisserie*.

Tourangelle: *adj.* e *s.f.* – cordeiro ou cabrito assado e refogado, servido com o próprio molho, com guarnição de vagens e feijões-verdes na manteiga.

Tourin: *s.m.* – sopa tradicional do Périgord e de Bordeaux. É preparada com cebolas, ou alho, ou tomates, com base de gordura de porco ou de ganso.

Tournedos: *s.m.* – medalhões do centro do filé mignon,

de dois centímetros de espessura, envoltos em toucinho e amarrados. São normalmente grelhados, salteados ou ligeiramente fritos.

Tournedos Rossini: *s.m.* – *tournedos* salteados, acompanhados de molho de *foie gras* e trufas.

Tourner: *v.t.* – tornear, arredondar.

Tournesol (huile de): *s.m.* – (óleo de) girassol.

Tourte: *s.f.* – torta do tipo pastelão, fechada, doce ou salgada. Cada região possui sua especialidade.

Tourteau: *s.m.* – espécie de caranguejo grande, típico do litoral norte da França.

Tourteau fromager: *s.m.* – bolo à base de queijo de cabra.

Tourtière: *s.f.* – fôrma redonda para torta, mais funda que a assadeira, geralmente de borda canelada e fundo removível. Também são algumas tortas feitas nessa fôrma.

Train de côtes: *s.m.* – corte de boi: bisteca e capa de filé, com seis ou sete costelas.

Trait: *s.m.* – um *trait* de líquido corresponde à meia colher de café.

Traiteur: s.m. – *delicatessen*. É também o profissional que prepara os pratos vendidos na *delicatessen*.

Tranche: *s.f.* – fatia.

Tranche grasse: *s.f.* – corte de carne de boi: patinho.

Tranche napolitaine: *s.f.* – sobremesa tricolor de três sabores de sorvete diferentes e massa de bomba, formatada como um tijolo e servida em fatias.

Travailler: *v.t.* – trabalhar, manipular.

Travers de porc: *s.m.p.* – costelinhas de porco.

Tremper: *v.t.* – umedecer.

Tresse: *s.f.* – trança, rosca.

Trévise: *s.f.* – ver também *trévisette* e *chicorée de Vérone*: radicchio.

Trévisette: *s.f.* – *trévisse* ou *chicorée de Vérone*: radicchio, chicória italiana.

Tripe (à la): *s.f.* – ovos cozidos e fatiados, cobertos com molho *béchamel* e cebolas na manteiga.

Tripes: *s.f.p.* – *bonnet* ou *double-gras*: dobradinha.

Tripes à la mode de Caen: *s.f.p.* – dobradinha à moda de Caen, cidade da Normandie. Leva cenouras, cebola, alho e temperos, cozidos em sidra *brut* e *Calvados*.

Triple crème: *s.m.* – especificação para queijos que

possuem mais de 75% de gordura.

Tripous ou Tripoux: *s.m.p.* – dobradinha de vitela ensopada. Prato tradicional de Aveyron.

Trois-frères: *s.m.* – bolo em forma de coroa criado por três irmãos confeiteiros de Paris no século XIX.

Trompette-des-morts ou Trompette de la mort: *s.f.* – cogumelo silvestre com o chapéu no formato de um trompete de coloração castanho-escura.

Tronçon: *s.m.* – pedaço grande.

Tropeziènne: *s.f.* – disco de massa doce levedada, coberto com creme *mousseline* aromatizado com rum e polvilhado de açúcar de confeiteiro. Especialidade da cidade de Saint-Tropez, na Côte d'Azur.

Trou Normand: *s.m.* – pequena taça de aguardente ou *sorbet* regado com digestivo ou *calvados*, servidos entre dois pratos principais de uma refeição para cortar o sabor do prato anterior, ajudar a digestão e estimular o apetite para os pratos subsequentes.

Trousser: *v.t.* – amarrar sem barbante as asas de uma ave: através de um corte específico nas costas da ave prendem-se as pontas das asas. Também significa retirar as patas de crustáceos.

Trouville: *s.m.* – salpicão de lagosta, ostras, mariscos, lâminas de trufa e cogumelos na manteiga, gratinado com risoto à *normande* e molho *mornay* salpicado de queijo ralado.

Truffe: *s.f.* – trufa.
– *noire du Périgord*: trufa negra do Périgord, de inverno.
– *d'été* ou *de la Saint Jean*: trufa cinzenta, de verão, menos aromática.
– *grise*: trufa negra que pode ser da Champagne, da Bourgogne, d'Alsace e de Vaucluse.
– *terfez* ou *blanc de neige*: trufa branca do norte da África.
– *blanche*: do Piemonte, na Itália. Só produz de outubro a dezembro.

Truffé(e): *adj.* – trufado(a), com trufas.

Truite: *s.f.* – truta.
– *de lac*: de lago.
– *de mer*: de mar.
– *de rivière*: de rio.
– *saumonée*: truta salmonada.

Tuile: *s.f.* – telha: biscoito delicado e superfino, em forma de telha, com lâminas de amêndoas.

Tulipe: *s.f.* – casquinha de sorvete em forma de tulipa.

Turban: *s.m.* – turbante: significa preparações moldadas em forma de anel enrolado ou turbante.

Turbigo: *s.m.* – rins de cordeiro *sautés* com *chipolatas* grelhadas, cogumelos e tomates.

Turbot: *s.m.* – tipo de linguado grande do Atlântico e do Mediterrâneo.

Turbotin: *s.m.* – *turbot* pequeno.

Turinois: *s.m.* – purê de castanhas com açúcar, manteiga, chocolate e kirsch, moldado em bloco para gelar, desenformado e servido em fatias grossas.

U

Ulve: *s.f.* – alga marinha comestível também chamada de *laitue de mer*.

V

Vache: *s.f.* – vaca.

Vache Qui Rit, La: *s.f.* – queijo fundido, de leite de vaca, bastante cremoso, apresentado em pequenas porções embaladas individualmente.

Vacherin: *s.m.* – anel de merengue assado, com sorvete e *chantilly*.

Vacherin Mont d'Or: *s.m.* – um dos mais fabulosos e famosos queijos *AOC* franceses, só é fabricado de setembro a maio. Sua massa é untuosa e se degusta com uma colherinha de café. A casca não se come. Seu sabor, de extrema doçura, é ligeiramente acentuado pela coroa de especiarias que o envolve. É o queijo mais consumido nas festas de fim de ano e pode ser degustado também como fondue.

Valençay: *s.m.* – queijo de cabra, em formato de pirâmide, *AOC* desde 1998. Fabricado no Loire, é um queijo macio e possui a casca mofada ligeiramente azulada.

Valencienne (à la): *adj.* e *s.f.* – preparação de arroz de inspiração espanhola, com pimentão picado, presunto cru e polpa de tomate picada.

Valenciennes (à la): *adj.* e *s.f.p.* – preparações típicas do norte da França. Em geral trata-se de coelho com ameixas secas e uvas passas, ou língua defumada com purê de *foie gras*.

Vallée d'Ange: *s.f.* – maçãs cozidas com creme de leite. Receita original da região de mesmo nome, na Normandie.

Valois: s.m. – guarnição de batatas *anna* e fundos de alcachofra fatiados e passados na manteiga. E também um molho *béarnaise* com adição de molho de carne.

Vanille: *s.f.* – baunilha.
– *en gousse*: baga seca de baunilha.
– *en poudre*: em pó.
– *vanilline*: essência de baunilha.
– *sucre vanillé*: açúcar aromatizado com baunilha.

Vanillé (e): *adj.* – perfumado(a) de baunilha.

Vanner: *v.t.* – agitar uma mistura para não formar grumos ou criar película.

Vanneau: *s.m.* – pavãozinho.

Vapeur: *s.f.* – vapor.

Veau: *s.m.* – vitela.

Végétarien (enne): *adj. e s.* – vegetariano(a).

Velours: *s.m.* – sopa de cenouras engrossada com farinha de mandioca.

Velouté: *s.m.* – sopa cremosa, passada pela peneira.

Velouté (sauce): *s.m.* – molho branco feito com caldo de vitela ou frango, ou *fumet*, engrossado com *roux* branco ou levemente tostado. É base para muitos molhos.

Venaison: *s.f.* – carne de caça, geralmente de veado ou similar, como gamo, etc.

Vénitienne: *adj. e s.f.* – molho à base de caldo de frango ou peixe, com adição de vinho branco, estragão, vinagre, ervas finas e manteiga.

Vénititenne (à la): *adj. e s.f.* – peixes, ovos ou aves, cozidos e acompanhados de molho *vénitienne*.

Ventadour: s.m. – *tournedos* ou medalhões de cordeiro guarnecidos de tutano e lâminas de trufa, purê de alcachofras, batatas cozidas e molho *chateaubriand*.

Ventre: *s.m.* – ventre, estômago, barriga.

Verdier: *s.m.* – ovos cozidos recheados de *foie gras*, cobertos com molho *béchamel* e parmesão ralado com trufas, e gratinados sobre um leito de cebolas fundidas.

Vergeoise: *s.f.* – açúcar não refinado, claro ou escuro.

Verjus: *s.m.* – suco de uvas verdes ou imperfeitamente maduras, bastante ácido, utilizado em molhos como condimento ou para deglaçar.

Vermicelle: *s.m.* – aletria, massa fininha para sopa, tipo cappellini.

Vermicelle coloré: *s.m.* – chocolate granulado colorido.

Vermouth: *s.m.* – vermute.

Vernis: *s.m.* – marisco grande e carnudo.

Vernon: *s.m.* – guarnição de fundos de alcachofra, aspargos, nabo recheado com purê de batatas, e maçãs recheadas de ervilhas na manteiga.

Verre: *s.m.* – copo. Também significa vidro.

Verre à vin: *s.m.* – taça de vinho.

Verte (sauce): *adj.* – molho maionese ou *vinaigrette* com adição de ervas finas.

Vert-pré: *s.m.* – guarnição de batata palha e agrião para acompanhar carnes grelhadas.

Verveine citronelle: *s.f.* – cidrão, limonete.

Verveine des Indes: *s.f.* – erva-cidreira, capim-santo.

Vessie (en): *s.f.* – bexiga (em): um frango, ou outra carne, cozido dentro de uma bexiga de porco.

Viande: *s.f.* – carne.

Vichy: *s.m.* – guarnição de cenouras cozidas em sal e açúcar e salteadas em manteiga e salsinha picada.

Vichyssoise: *s.f.* – sopa de caldo de galinha, alho-poró e batatas, cozidos e passados pela peneira, e misturada com creme de leite. É servida fria, guarnecida com cebolinha picada.

Videler: *v.t.* – dobrar as beiradas da massa para fazer borda.

Vider: *v.t.* – esvaziar.

Viennoise (à la): *adj.* e *s.f.* – escalopes de vitela ou filés de frango empanados e grelhados, servidos com porções de ovos cozidos picados, alcaparras, salsinha e manteiga. Ou são acompanhados de uma rodela de limão e salada de batatas, ou salada verde e purê de batatas.

Vierge (huile d'olive): *adj.* – azeite de oliva virgem.

Vieux (vieille): *adj.* e *s.* – velho (velha).

Vieux Lille: *s.m.* – queijo de massa mole e casca lavada, de leite de vaca, fabricado em Lille, norte da França. É semelhante ao *Maroilles*. Salgado duas vezes, de cor acinzentada e odor leve de amoníaco, seu sabor é pronunciado e ligeiramente picante. É também conhecido como *Maroilles Gris*, *Vieux Gris* (velho cinza), *Gris de Lille*, *Puant* (fedido) ou *Fromage Fort de Béthune* (queijo forte de Béthune).

Vigne: *s.f.* – vinha, videira.

Vigneron: *s.m.* – produtor de vinho.

Vin: *s.m.* – vinho.
– *blanc*: branco.
– *Champagne*: vinho espumante da região de Champagne.
– *doux naturel*: vinho doce natural.
– *mousseux*: vinho espumante (todo espumante que não seja *champagne*).
– *nouveau*: vinho novo, do ano.
– *rosé*: rosado.
– *rouge*: tinto.
– *ordinaire*: vinho comum.
– *de Table*: vinho de mesa.

Vinaigre: *s.m.* – vinagre.

Vinaigre de framboise: *s.m.* – vinagre de framboesas.

Vinaigre vieux: *s.m.* – vinagre envelhecido.

Vinaigre de xérés: *s.m.* – vinagre de jerez.

Vinaigrette: *s.f.* – vinagrete: molho à base de um produto gorduroso (azeite, creme de leite) e um produto ácido (vinagre ou limão) aos quais são adicionados sal, pimenta e os mais variados ingredientes.

Vincent: *s.m.* – maionese com adição de ervas picadas e ovos cozidos picados. Acompanha pratos frios ou salada.

Viroflay: *s.m.* – bolinhos de espinafre cobertos de molho *mornay* e gratinados, usados como guarnição.

Vivier: *s.m.* – viveiro.

Voiler: *v.t.* – cobrir com fios de açúcar caramelado.

Volaille: *s.f.* – ave – em geral frango ou galinha; carne de ave.

Vol-au-vent: *s.m.inv.* – molde pequeno de massa folhada assada, próprio para comportar recheios diversos, geralmente salgados.

Voûte: *s.f.* – parte superior do forno.

X

Xavier: *s.m.* – sopa cremosa, engrossada com araruta ou creme de arroz, com cubinhos de presunto ou carne de frango.

Xérés: *s.m.* – jerez: vinho branco seco, fortificado com adição de álcool, produzido na região de Jerez de la Frontera, Espanha.

Y

Yaourt: *s.m.* – iogurte.

Yorkaise (à la): *adj.* e *s.f.* – preparações que levam presunto de *york*.

Z

Zeste: *s.m.* – casca ou raspa da casca de frutas cítricas (exceto a parte branca que é amarga).

Zester: *v.t.* – retirar a *zeste* de cítricos.

LES FROMAGES DE FRANCE
OS QUEIJOS DA FRANÇA

Os franceses tratam a gastronomia como uma ciência que merece respeito. Das centenas de variedades de queijos fabricados no país atualmente, mais de 500 queijos são registrados e possuem um selo de classificação. Alguns são de *Appellation d'Origine Contrôlée* (**AOC**), o que significa controle legal do local de origem do leite e do queijo, do tipo de leite usado (vaca, ovelha ou cabra), métodos de produção e tempo de *affinage* (cura ou maturação). Há também uma grande variedade de queijos industrializados, de produção em larga escala, e exportados para muitos países, inclusive o Brasil. Na mesa de um francês o queijo ocupa um lugar de honra, pois, não importa a refeição, após os pratos principais e antes das sobremesas (ou junto delas), é servido o *plateau des fromages* (travessa de queijos), às vezes acompanhado de pão e manteiga. O francês consome em média 20 quilos de queijo por ano e não se trata de requinte, é um hábito que atinge toda a população da França. Para melhor conhecer as características dos queijos franceses, eles estão aqui divididos pelo tipo de leite e pelas seguintes "famílias" distintas:

1. PÂTE MOLLE À CROÛTE LAVÉE *(Queijos Macios de Casca Lavada)*

São produzidos com coagulação mista, ou seja, o processo de fermentação e coagulação é obtido através do uso dos fermentos láticos e também de coalho. A coagulação é rápida, em torno de uma hora, e em seguida a mistura é remexida, cortada e colocada para escorrer em moldes apropriados para este fim, chamados de *faisselles*. Depois de escorridos, os queijos vão para as *caves d'affinage* – espaço onde se submetem à cura nas mãos dos *affineurs*, ou seja, dos profissionais encarregados desse trabalho. É então que o *affineur*, duas a três vezes por semana, escova e lava os queijos em uma solução salgada enriquecida com bactérias específicas para cada queijo. A casca vai progressivamente tornando-se lisa, macia e brilhante, de um tom amarelado-claro até um vermelho-alaranjado. A massa macia revela uma infinidade de sabores, dos mais suaves aos mais fortes, dos mais doces aos mais picantes.

Origens: A maioria, em monastérios criados em torno do ano 1000 d.C.

Melhor época de consumo: Outono e inverno.

Vinhos para acompanhar: Vinhos robustos, como o Côtes du Rhône, vinhos de Bordeaux e vinhos brancos da mesma região de origem do queijo.

Queijos desta categoria:

Leite de vaca: *Aisy-Cendré*; *Boulette d'Avesnes; Chambarand;*

Chambérat Fermier; Curé Nantais; Dauphin; Époisses de Bourgogne (AOC); Géromé; Langres (AOC); Livarot (AOC); Maroilles (AOC); Maroilles Lesire (AOC); Munster (AOC); Pavê d'Auge; Pont l'Evêque (AOC); Rollot; Vacherin Mont d'Or (AOC); Vieux Lille.

Leite de ovelha: *Niolo (da Córsega).*

2. PÂTE MOLLE À CROÛTE FLEURIE *(Queijos Macios de Casca Mofada)*

São queijos de fermentação mista (coalho e fermentos), com ênfase no uso de fermentos láticos. O processo de coagulação é submetido a temperaturas controladas. Depois são colocados em moldes *(faisselles)* para escorrer sem serem misturados ou cortados. Vão então para salas de repouso em temperatura controlada a 15° C e bastante ventiladas. Depois de um ou dois dias passam pela salmoura, são enxutos e salpicados com *penicillium* sobre toda a parte externa. Por este procedimento, adquirem uma fina camada aveludada de mofo sobre a crosta, de início bastante alva, e com o tempo com tons avermelhados. São virados constantemente para igualar a casca.

Origens: Idade Média, com os precursores do queijo tipo Brie.

Melhor época de consumo: De julho a dezembro.

Vinhos para acompanhar: Vinhos jovens de Bordeaux, Beaujolais.

Queijos desta categoria:

Leite de vaca: *Brie de Meaux (AOC); Brie de Melun (AOC); Brie Fermier; Brillat-Savarin; Brique de Pays d'Auvergne; Camembert de Normandie (AOC); Camembert Fermier; Caprice des Dieux; Carré de l'Est; Chaource (AOC); Charolais de Bourgogne; Coulommiers; Coulommiers Saint-Jacques; Délice de Bourgogne; Ecir de l'Aubrac; Feuille de Dreux; Fougerus; Gaperon; Gratte Paille; L'Ami du Chambertin; Neufchâtel (AOC); Olivet Cendré; Pavé d'Affinois; Saint Félicien; Saint Marcellin.*

Leite de ovelha: *Brin d'Amour ou Montatimu, da Córsega; Brique de Brebis d'Auvergne; Pérail du Midi-Pyrénées.*

3. PÂTE PRESSÉE CUITE *(Queijos de Massa Prensada Cozida)*

São queijos feitos com leite cru, ou seja, leite que não é submetido somente à refrigeração. O leite é aquecido a uma temperatura entre 63° C e 68° C e quando baixa a 32° C, recebe os fermentos láticos e o coalho. Depois de meia hora forma-se uma massa de coagulação espessa, firme, que é então picotada dentro da própria cuba com um instrumento próprio para reduzi-la a pequenos dados, o que vai agilizar o escoamento do soro. A massa é então reaquecida a 55° C e levada para escorrer envolta em um grande tecido e pendurada. Depois, é colocada em moldes grandes e prensada por várias horas, até que se compacte novamente. Recebe então um banho de salmoura e vai para caves frias (12º C) por umas 3 semanas, onde os queijos serão constantemente lavados, escovados e revirados para manter a forma. Depois deste estágio, seguem para as caves aquecidas (20º C), onde ficam por várias semanas. Nessas caves, os queijos sofrem reações gasosas, devido às bactérias que consomem o ácido lático do queijo e soltam gás carbônico durante o processo, formando o que chamamos de "buracos" do queijo. Retornam então às caves frias para estancar o processo gasoso e começar a maturar. Alguns queijos desta família, como o Comté ou o Beaufort, ficam pouco tempo na cave aquecida, o que explica o aparecimento de ranhuras e não de "buracos".

Origens: Século XVIII, nas áreas montanhosas (Jura e Alpes).

Melhor época de consumo: Logo após o término da affinage, na primavera ou verão. Nas outras estações, os queijos estarão bons para consumo, apenas um pouco mais curados.

Vinhos para acompanhar: Vinhos brancos frutados, do Franche-Comté por exemplo, Vin Jaune da Savoie, e vinhos tintos de caráter acentuado, conforme a região de procedência do queijo.

Queijos desta categoria:

Leite de vaca: *Abondance de Savoie (AOC); Beaufort (AOC); Beaufort de Savoie (AOC); Beaufort d'Hiver (AOC); Comté (AOC); Comté Extra (AOC); Emmental Label Rouge; Emmental de Savoie; Emmental Grand Cru; Gruyère de Savoie.*

4. PÂTE PRESSÉE NON CUITE (Queijos de Massa Prensada Não Cozida)

Para a produção destes queijos, o leite é aquecido a 25º C, ligeiramente acidificado e recebe o coalho. Forma então uma massa coagulada compacta e homogênea, que é picotada em grânulos pequenos para melhor escorrer o soro. Essa massa será então batida, lavada com água aquecida à temperatura de 40º C e depois prensada (*St. Nectaire ou Tome*). Para elaboração de alguns queijos a massa deve ser novamente picotada, depois salgada, e mais uma vez prensada (*Cantal ou Laguiole*). Os queijos são enfim colocados em salas ventiladas com temperatura controlada (15º C) para a *affinage*. Os que não foram salgados anteriormente levam um banho de salmoura. O tempo de *affinage* leva de 15 dias (*St. Paulin*) até 3 meses (*Cantal*).

Origens: Monastérios e Abadias franceses.

Melhor época de consumo: O ano todo, com alguma preferência pelo verão e outono.

Vinhos para acompanhar: Vinhos brancos frutados, vinhos da Savoie, vinhos tintos jovens e Bourgogne tinto.

Queijos desta categoria:

Leite de vaca: *Bethmale; Cantal Jeune (AOC); Cantal Entredeux (AOC); Fourme de Rochefort; Grand Montagnard; Grand Tomachon; Laguiole (AOC); Mamirolle; Mimolette Vieille; Mont des Cats; Morbier (AOC); Moulis Vache; Murol; Ossau-Iraty (AOC); Petit Montagnard; Port-Salut; Pyrénées; Raclette de Savoie; Reblochon (AOC); Saint Nectaire (AOC); Saint Paulin; Salers (AOC); Tamié; Tête de Moine; Tome des Bauges (AOC); Tome de Savoie.*

Leite de ovelha: *Moulis Brebis; Petit Basque.*

5. PÂTE PERSILLÉE *(Queijos de Estrias Azuis)*

Com temperatura de 32º C, o leite recebe os fermentos láticos e o coalho. A massa coalhada é então picotada, salgada e misturada ao fungo "penicillium glaucum". O desenvolvimento natural destes bacilos no queijo vai provocar a formação das famosas estrias verdes ou azuis. Dentro de moldes, os queijos vão para uma cave úmida (10º C) por um período de 5 dias. São então retirados dos moldes e seguem para uma sala ventilada, onde recebem picadas de agulhas finas e longas para facilitar a circulação de ar e o desenvolvimento dos veios azuis. Voltam para as caves úmidas – com 95% de umidade e 12º C – onde permanecem por um mês, seguindo depois para caves mais frias (5º C) para reduzir a fermentação. Neste local, os queijos "afinam" por alguns meses.

Origens: Final do Império Romano.

Melhor época de consumo: O ano todo, com preferência pelo outono e inverno.

Vinhos para acompanhar: Vinhos de Bordeaux encorpados, como os de St. Émilion; vinhos brancos doces, como o Sauternes.

Queijos desta categoria:

Leite de vaca: *Bleu d'Auvergne (AOC); Bleu de Bresse; Bleu de Causses (AOC); Bleu de Gex (AOC); Bleu de Laqueuille; Belu de Sassenage (AOC); Coucouron; Fourme d'Ambert (AOC); Montbriac Rochebaron; Montbrison (AOC); Saint Agur .*

Leite de ovelha: *Roquefort (AOC).*

6. FROMAGES DE CHÈVRE *(Queijos de Cabra)*

Esta família, ao contrário das outras, não se distingue por seu método de fabricação mas pelo seu leite, cujo sabor é bastante particular. Estão, a seguir, divididos pelo tipo de massa.

Origens: Por volta do século VIII, quando os sarracenos invadiram e introduziram as cabras no continente europeu.

Melhor época de consumo: Primavera e verão.

Vinhos para acompanhar: Saumur tinto, Chablis.

Queijos desta categoria:

De casca lavada: *Pechegos, do Tarn.*

De casca mofada: *Banon; Brique Chévre d'Auvergne; Carré du Poitou; Chabichou du Poitou (AOC); Chablis du Poitou-Charentes; Crottin de Chavignol (AOC); Pélardon (AOC); Picodon de l'Ardèche ou de la Drôme (AOC); Pouligny Saint Pierre (AOC); Rocamadour (AOC); Sainte Maure de Touraine (AOC); Selles-sur-Cher (AOC); Valençay (AOC).*

Massa prensada não cozida: *Chevrotin (AOC); Chevrotin des Aravis; Moulis Chèvre.*

Massa mole de casca natural: *Bouchon de Sancerre; Mâconnais; Montrachet; Sérac; Tarentais d'Alpage; Taupinière de Charentes.*

Frescos: *Cabécou; Camisard; Faisselle.*

7. FROMAGES FONDUS *(Queijos Fundidos)*

São preparados a partir de outros queijos; têm sabor agradável, mas não possuem os requisitos necessários para obter um selo AOC. Geralmente usam mistura de muitas variedades de queijos, que são descascados, cortados, ralados, esmagados e moídos. Depois, são misturados com leite, manteiga, creme de leite, e a massa é pasteurizada (95° C) ou esterilizada (125° C). Algumas variedades são aromatizadas ou temperadas. São queijos para *tartiner* (para passar em pães e torradas), e para uso culinário – molhos, sobremesas, etc.

Queijos desta categoria: *Cancoillotte; Crème de Brie de Meaux; Fromage aux Noix; La vache qui Rit;* etc.

8. FROMAGES FRAIS *(Queijos Frescos)*

A coagulação do leite é uma floculação de partículas de caseína do leite que, sob os efeitos dos fermentos láticos, passa do estado de suspensão para o estado de flocos até se tornar uma espécie de gel. A coagulação pode ser induzida (uso de coalho) ou natural (fermentos láticos). Nos queijos frescos, a coagulação é feita entre 12 e 24 horas da extração do leite, e a temperatura é mantida sob controle, entre 15° C e 20° C. Depois, a massa é colocada em moldes para escorrer, em cubas com filtros, ou em centrífugas, mas retém parte do soro para conservar a umidade. Neste ponto, ou seguem direto para o consumo "in natura", ou recebem a adição de temperos (ervas finas, alho, etc.) para os queijos aromatizados.

Queijos desta categoria:

Leite de vaca: *Brousse; Boursin; Cabécou vache; Faisselle vache; Fontainebleau; Tome fraîche 'aligot'.*

Leite de ovelha: *Brocciu da Córsega (AOC); Foissac.*

LES VINS DE FRANCE
Os Vinhos da França

Os apreciadores de vinho vivem tempos privilegiados. Por boa parte do planeta podemos encontrar vinhos de qualidade a preços razoáveis, muitas vezes fruto do trabalho de enólogos e especialistas oriundos do velho mundo em novas regiões. Mas quando se fala em vinho, a grande autoridade e referência sobre o assunto é, sem dúvida, a França. Dona de um território e clima privilegiados, com quatro estações bem definidas, a França notabilizou-se como produtora dos vinhos mais finos e apreciados do mundo. São cerca de 50.000 vinhos com caracteres e expressões diferentes, numa variedade incomparável de aromas e sabores, aliando tradição e técnica em sua produção.

Com esta quantidade e variedade, é claro que é possível encontrar vinhos inexpressivos e até mesmo sem qualidade. Convém salientar que não é só por ser francês que um vinho é bom. É preciso conhecer um pouco mais sobre a produção vinícola francesa para saber escolher e apreciar. Neste breve comentário sobre os vinhos franceses, vamos falar das principais regiões vinícolas, as cepas utilizadas, a leitura dos rótulos e o formato das garrafas; uma pequena introdução ao vasto e prazeroso mundo do vinho francês.

A Classificação Francesa regulamentada e o que deve ser mencionado no rótulo

Os produtores de vinho francês estão sujeitos a leis regulamentares segundo o tipo do vinho. São estabelecidas quatro categorias de vinhos, em ordem decrescente de qualidade: os **AOC** (*Appellations d'Origine Contrôlée*), que são áreas de origem do vinho controladas por lei; os **VDQS** (*Vins Délimités de Qualité Supérieure*) – vinhos de qualidade superior de regiões delimitadas por lei; os *Vins de Pays* – vinhos provenientes de uma região não AOC; e *Vins de Table* – vinhos sem nenhuma região demarcada. A primeira regulamentação data de 1936.

O rótulo da garrafa de vinho é como um cartão de apresentação através do qual você será capaz de obter muitas informações sobre o que vai beber. A legislação francesa estabelece algumas menções obrigatórias no rótulo e outras de caráter facultativo. Saber ler o rótulo pode revelar informações importantes que indicam a qual categoria o vinho pertence, seu tipo, idade, proveniência, etc.

AOC e VDQS

Um decreto oficial estabelece todas as regras com

respeito ao rendimento do vinhedo, à densidade da plantação, ao grau mínimo alcoólico, e também ao *Terroir* (áreas de *appellations* perfeitamente definidas), às cepas nobres permitidas para plantio nesta área e às tradições na produção, como o método de vinificação, de envelhecimento, de plantio da cepa, etc. Esses vinhos são controlados e submetidos às análises e degustações de profissionais do INAO – *Institut National des Appellations d'Origine*. Próximos dos AOC, os VDQS são geralmente destinados a serem promovidos ao range de AOC, o que explica sua fraca representação de apenas 2% da produção nacional.

Obs: Por ocasião da confecção deste livro, em 21 de julho de 2004, o governo francês publicou uma nova regulamentação para os vinhos das AOC genéricas de Bordeaux e Bourgogne. Na prática, nada mudou em relação aos grandes vinhos; mas você poderá encontrar vinhos mais simples destas regiões apenas com a menção da cepa utilizada e não mais da região de origem.

O rótulo de um vinho de Appellation d'Origine Contrôlée – AOC – tranquilo

MENÇÕES OBRIGATÓRIAS / MENÇÕES FACULTATIVAS

(Ver p. 146 – Fig. 2 – Château de Bubas)

Obs: As menções facultativas só são autorizadas se correspondem a fatos reais.

Para compreender as menções em francês, observe as seguintes notas:

Bordeaux e Bourgogne são duas regiões bastante importantes na França, e têm sua própria classificação de vinhos. Em ordem decrescente temos o seguinte:

Médoc (Bordeaux)	Premier Cru Deuxième Cru Troisième Cru Quatrième Cru Cinquième Cru	(primeiro cultivo) (segundo cultivo) (terceiro cultivo) (quarto cultivo) (quinto cultivo)
Médoc (Bordeaux)	**(Classificação não oficial)** Cru Bourgeois Exceptionnel Grand Cru Bourgeois Cru Bourgeois	
St. Emilion (Bordeaux)	Premier Grand Cru Classé Grand Cru Classé Grand Cru	
Graves (Bordeaux)	Cru Classé	
Bourgogne	Grand Cru Premier Cru	

Outros termos comuns aos rótulos e seus significados:

Appellation d'Origine Contrôlée ou AOC – Denominação de Origem Controlada, área denominada por lei como origem para aquele vinho. Garante produtos no que concerne à origem geográfica, sistemas de processamento, escolha de cepas, etc. Pode ser mencionado no rótulo com o nome da região, por exemplo: Appellation Bordeaux Contrôlée.

Assemblage – Lotação. Vinhos oriundos de mesma região demarcada e de cepas diferentes são vinificados em separado e depois misturados em proporções bem definidas pelo enólogo para obtenção de um vinho mais complexo, equilibrado e harmonioso. Uma mistura de vinhos de regiões diversas, demarcadas ou não, é uma **coupage**.

Bouteille – Garrafa.

Clos – Vinhedo cercado por muros de pedra, cerca viva ou fosso. É encontrado particularmente na Bourgogne.

Crémant – Vinho espumante de outras regiões que não a Champagne. O Crémant tem menos gás carbônico que um Champagne.

Cru – Terreno de cultivo, sobretudo de vinhedos, considerado do ponto de vista da qualidade de sua produção. Na prática, é uma faixa de terreno homogênea que produz, ano após ano, vinhos com determinadas e reconhecíveis características.

Cru Bourgeois – Classificação da Região do Médoc, em Bordeaux, não oficial, com muitos vinhos de qualidade equiparável a alguns Cru Classé. Em ordem ascendente temos *Cru Bourgeois, Grand Cru Bourgeois e Cru Bourgeois Exceptionnel.*

Domaine – Domínio, propriedade.

Étiquette – Rótulo.

Grand Vin – Grande vinho. Pode ser mencionado em qualquer parte do rótulo mas não possui nenhum significado legal. Deve sempre vir acompanhado da citação da região demarcada. Exemplo: Grand Vin de Bordeaux.

Mis em bouteille au Château, à la Propriété – Engarrafado no Castelo, na Propriedade. Esta frase indica que o vinho foi engarrafado pelo produtor e não por um comerciante.

Sélection de grains nobles – Vinho doce feito com uvas deixadas no pé além do tempo e atacadas pelo fungo *botrytis cinerea*. Esse fungo faz furos microscópicos nos bagos da uva e retira a água, deixando as uvas mais doces. É também chamada de "podridão nobre", pelo aspecto feio que deixa os bagos.

Supérieur – Superior. Vinhos com teor alcoólico mínimo mais alto do que o padrão. Geralmente em torno de 0,5% mais alto.

Vendange Tardive – Vindima tardia. Vinho doce feito com uvas deixadas no pé após o tempo normal de colheita e que ficam mais doces.

Vin Doux Naturel ou **VDN** – Vinho doce natural. São vinhos cujo processo de fermentação é interrompido com adição de 5% a 10% de álcool vínico, e portanto mantêm uma parte bastante maior dos açúcares da uva. O Languedoc-Roussillon produz mais de 90% dos VDN da França.

O rótulo de um vinho de Appellation d'Origine Contrôlée – AOC – espumante

MENÇÕES OBRIGATÓRIAS / MENÇÕES FACULTATIVAS

(Ver p. 147 – Fig. 3 – G.H. MUMM e Cie.)

Notas:

Blanc des Blancs – Vinho produzido apenas com cepas brancas. No caso do Champagne, somente com Chardonnay.

Blanc des Noirs – Vinho branco produzido com cepas tintas. No caso do Champagne, com Pinot Noir e Pinot Meunier.

Brut – Indica o teor de açúcar residual do Champagne. Do mais seco para o mais doce: *Brut Nature, Brut, Extra Dry, Sec, Demi-sec, Doux*. Essa menção no rótulo de Champagne é obrigatória.

Cuvée – Cuba. Vinho proveniente da colheita de uma determinada vinha, dentro do mesmo ano. Em geral sua menção tem a ver com a boa qualidade do produto: *Tête de Cuvée, Cuvée Exceptionnelle, Première ou Seconde Cuvée*.

Méthode Traditionnel ou **Méthode Champenoise** – Método tradicional de vinificação do Champagne e de alguns espumantes. Neste método, o gás carbônico do vinho é produzido por uma cuidadosa segunda fermentação na própria garrafa. Todo Champagne é produzido assim.

Millésime – Ano de colheita de um vinho.

Millésimé – Safrado. Champagne produzido com vinhos todos elaborados no mesmo ano quando este ano é considerado de produção excepcional.

Négociant Manipulant ou **NM** – Negociante Manipulador. Indica o produtor que faz seu próprio vinho, mas utiliza também uvas compradas de outros.

Perlage – São as bolhas do Champagne.

Récoltant Manipulant ou **RM** – Indica um vinho feito por um lavrador que só utiliza suas próprias uvas. Pode ter sido vinificado em cooperativas, mas só com as uvas daquele mesmo lavrador.

Vins de Pays

Eles se distinguem dos Vins de Table por possuírem uma

origem regional. De fato, os Vins de Pays podem ser provenientes de apenas uma região vinícola que pode ser Regional (Vin de Pays d'Oc, Vin de Pays du Jardin de la France...), Departamental (Vin de Pays de l'Aude, du Var...) ou de Zona (Vin de Pays des Coteaux de l'Ardèche, Vin de Pays de Cucugnan...). Eles obedecem igualmente a regras de produção precisas no que diz respeito às cepas e ao rendimento e são submetidos a uma análise e a uma comissão de degustação. É uma regulamentação mais branda que a dos AOC.

O rótulo de um Vin de Pays

MENÇÕES OBRIGATÓRIAS / MENÇÕES FACULTATIVAS

(Ver p. 147 – Fig. 4 – Domaine du Cigalou)

Notas:

– O nome de uma casta no rótulo significa que aquele vinho é 85% oriundo daquela casta.

– Para não confundir uma comuna com outra de mesmo nome em região de origem não demarcada, no endereço do engarrafador pode-se substituir o nome da comuna pelo código postal.

– Os termos Château ou Clos não podem ser mencionados nesta categoria ou abaixo dela.

Vins de Table

Não possuem uma demarcação geográfica. Podem mencionar Vin de Table de France, se são de origem francesa. São geralmente obtidos por *coupage* (mistura de vinhos de várias regiões vinícolas oriundas da França ou da comunidade europeia) e vendidos sob uma marca comercial.

O rótulo de um Vin de Table

MENÇÕES OBRIGATÓRIAS / MENÇÕES FACULTATIVAS

(Ver p. 146 – Fig. 1 – Bons Ceps)

LA BOUTEILLE

Você poderá reconhecer muita coisa sobre um vinho pelo simples exame da garrafa. Sabendo o que vai procurar, o tamanho e a forma da garrafa fornecem informações básicas que são complementadas pelas informações específicas dos rótulos.

A maioria das garrafas segue o tamanho padrão adotado mundialmente de 750ml ou 25oz. Mas podemos encontrar tamanhos maiores e menores, em geral múltiplos de 750ml.

Outros tamanhos de garrafas em múltiplos de 750ml:

¼ de garrafa	187ml
½ garrafa	375ml
Magnum (2x)	1 litro e meio

Jéroboam – Champagne (4x)	3 litros
Jéroboam – Bordeaux (6x)	4 litros e meio
Réhoboam – Champagne (6x)	4 litros e meio
Imperial – Bordeaux (8x)	6 litros
Mathusalem – Champagne (8x)	6 litros
Salmanazar – Champagne (12x)	9 litros
Balthazar – Champagne (16x)	12 litros
Nabuchodonozor – Champagne (20x)	15 litros

Quanto à anatomia, a garrafa é composta de quatro partes: o **pescoço** é a parte acima do ombro. O **ombro** é o local onde a garrafa se estreita para cima, em direção ao pescoço. O **corpo** é a parte central. O **repuxo** é uma reentrância na base da garrafa que serve para lhe dar resistência e facilitar o manuseio ao servir.

Os principais tipos de garrafas de vinhos franceses são:

Bordeaux (Ver p. 148 – Fig. 2)

Para Bordeaux tintos e brancos e para castas e cortes tipicamente Bordaleses: Cabernet Sauvignon, Cabernet Franc, Merlot, Sauvignon Blanc e Sémillon Blanc. Tradicionalmente, os vinhos de Bordeaux devem envelhecer por longo tempo na adega e, durante esse período, um resíduo se deposita no fundo da garrafa. O ombro quase quadrado auxilia a retenção dos resíduos e da borra na hora de servir. Para vinhos brancos doces de Bordeaux, a garrafa é confeccionada em vidro transparente. Para todos os outros o vidro é verde.

Borgonha (Ver p. 148 – Fig. 1)

Para tintos e brancos da Borgonha e para vinhos produzidos com as castas típicas da Borgonha: Pinot Noir e Chardonnay. São mais bojudas que as bordalesas. Um modelo semelhante é usado na Vallée du Rhône e no Beaujolais. O ombro é menos acentuado que o das garrafas de Bordeaux, pois o tempo de envelhecimento é menor e o acúmulo de resíduos menos frequente. Algumas garrafas possuem um repuxo acentuado na base e outras não, não é regra geral.

Champagne (Ver p. 148 – Fig. 3)

Confeccionada com vidro bastante grosso e com repuxo bem acentuado na base para resistir à pressão interna. As rolhas são cilíndricas e ao serem empurradas sob pressão para dentro do gargalo adquirem a forma tradicional de cogumelo. A armação de arame segura a rolha no lugar.

Flauta (Ver p. 148 – Fig. 4)

Elegante e de pescoço longo, este modelo é usado em geral para vinhos feitos com Riesling e para os vinhos alemães dos vales do Reno e do Moselle. Nas regiões da Alsácia e Lorena são produzidas com vidro verde.

AS REGIÕES VINÍCOLAS DA FRANÇA E SUAS PRINCIPAIS CEPAS

Ver mapa p. 149

VINS DE BORDEAUX (Ver mapa p. 150)

Bordeaux é uma região vinícola única: clima temperado, terroir privilegiado, é a maior e mais diversificada região de vinhos finos do mundo. São quase quarenta denominações de origem de tintos, brancos secos e doces, rosés e até espumantes. Para entender um pouco mais sobre estas denominações é preciso visualizar sua geografia. A grande região é chamada de Bordeaux, que também é o nome da cidade que fica mais ou menos no centro dela. Suas denominações são como sub-regiões (Médoc, Graves, Sauternes), e dentro dessas sub-regiões existem as comunas. Muitos de seus grandes vinhos são conhecidos através do nome da comuna, como Pauillac, Margaux ou Saint-Julien. Mas convém distinguir um *Château Margaux*, que é um *premier cru*, de um vinho da comuna de Margaux (Appellation Margaux Contrôlée). São produtos da mesma comuna, ambos trazem o nome Margaux no rótulo, mas são vinhos diferentes quanto à classificação, qualidade, durabilidade e ao preço.

Dois rios importantes, o Dordogne e o Garonne, formam na sua confluência o estuário da Gironde, e desembocam no Oceano Atlântico. A margem direita do estuário e do Garonne é a área de forte presença da **Cabernet Sauvignon.** A margem esquerda é o terroir da **Merlot**. Estas duas cepas são as grandes estrelas dos tintos de Bordeaux, junto com a **Cabernet Franc**. O chamado corte bordalês faz uma *assemblage* com vinhos destas três cepas principais e algumas correções com outras de menor expressão na área, como a **Petit Verdot**, a **Côt** ou a **Carménère**. As cepas brancas clássicas da região são a **Sémillon** e a **Sauvignon Blanc**; a **Muscadelle**, a **Ugni Blanc**, a **Colombard** e a **Merlot Blanc** são também usadas, mas em menor escala.

Quanto às denominações, existem as *appellations* Bordeaux genéricas e as regionais e comunais. Para as classificações, veja as notas dos rótulos de vinhos **AOC**.

Denominações genéricas:

Bordeaux, Bordeaux Blanc, Bordeaux Blanc Sec – É a denominação mais simples. Vinhos ligeiros que podem ser feitos em qualquer lugar da região; têm pouco corpo e não devem envelhecer. Os brancos que não levam "sec" no rótulo podem ser um pouco doces.

Bordeaux Supérieur Blanc, **Bordeaux Supérieur Rouge** – Um pouco melhores. São levemente mais encorpados.

Principais denominações regionais e comunais, margem direita:

Médoc – Só tintos. Maioria de vinhos regionais – só com o nome Médoc, que são simples e sem muito corpo. Alguns *crus bourgeois*, melhores e mais complexos.

Haut-Médoc – Sub-região do Médoc. Vinhos regionais, muitos bons *crus bourgeois* e cinco *grands crus*. Engloba seis comunas que produzem vinhos de muita elegância e qualidade excepcional:

Saint-Estèphe – Tintos encorpados e de longa guarda. Cinco *grands crus* e muitos *crus bourgeois* de qualidade.

Pauillac – Grandes Cabernets, potentes e encorpados. Possui 3 dos 5 *premiers crus* - Château Latour, Château Mouton-Rothschild e Château Lafite-Rothschild. Excelentes *crus bourgeois*.

Saint-Julien – Vinhos elegantes e encorpados. *Crus bourgeois* ótimos e vários *grands crus* excelentes.

Margaux – A primeira das comunas do Haut-Médoc. Tintos famosos pela elegância. Um *premier cru* (Château Margaux) e 20 *grands crus*. Muitos *crus bourgeois*.

Moulis e **Listrac** – Não tão excepcionais como as outras quatro comunas, mas possuem bons tintos e vários *crus bourgeois* de qualidade.

Graves – Appellations regionais em brancos e tintos, pouco melhores que as genéricas.

Pessac-Léognan – Sub-região de Graves. Todos os seus *crus classés* tintos estão nessa região. São 13 *grands crus*, entre eles o famoso Château Haut-Brion e o Domaine de Chevalier. Os brancos *grands crus classés* são 10 – o Château Haut-Brion branco é um dos melhores do mundo.

Sauternes e **Barsac** – Vinhos brancos doces. Os melhores são feitos com uvas atacadas pelo fungo *botrytis cinerea*, que seca os bagos de uva e concentra seu açúcar. As appellations regionais ficam bem aquém dos grandes Châteaux, que são realmente excepcionais, como o famoso Château d'Yquem.

Principais denominações regionais e comunais, margem esquerda:

A região mais importante é o **Libournais**, em torno da cidade de Libourne, onde há a maior concentração de sub-regiões produtoras de *premiers crus* e *grands crus* da margem esquerda. Engloba as seguintes sub-regiões:

Saint-Émilion – Só tintos, bastante agradáveis e redondos. Treze *premiers grands crus* e 56 *grands crus*. Possui quatro regiões satélites com bons vinhos mais em conta: *Montagne-St-Émilion, Lussac-St-Émilion, Puisseguin-St-Émilion e Saint-Georges-St-Émilion*.

Pomerol – Grandes tintos com base na Merlot: Château Pétrus, Le Pin, etc., bastante caros. Uma região satélite também com vinhos do mesmo tipo, um pouco inferiores: *Lalande de Pomerol*.

Canon-Fronsac – Uma das melhores entre as chamadas pequenas appellations. Preços mais razoáveis e vinhos em ascensão, elaborados com Merlot e Cabernet Franc. A região vizinha, *Fronsac*, tem vinhos semelhantes num nível um pouco inferior.

Outras appellations que ficam nesta margem são *Côtes de Castillon*, *Côtes de Bourg* e *Côtes de Blaye*, são agradáveis, mais simples e de boa relação qualidade-preço.

A região de *Entre-deux-Mers* fica entre os rios Dordogne e Garonne e produz vinhos brancos secos.

VINS DE CHAMPAGNE (Ver mapa p. 151)

A região vinícola de Champagne não representa mais do que 2% das regiões vinícolas francesas, mas é sem dúvida a de maior prestígio. Suas vinhas são cultivadas em solo gredoso e escarpado, único como terroir, e que confere um caráter especial aos seus vinhos. Seus vinhos, conhecidos desde a Antiguidade eram tranquilos (sem gás carbônico) até que o monge Dom Pérignon (1638-1715), contador e despenseiro da Abadia de Hautvillers, teve a ideia de fazer um vinho espumante controlando o fenômeno da dupla fermentação que ocorria vez por outra com seus vinhos. A segunda fermentação tornava o vinho mais leve, os aromas se desprendendo das bolhas e dando ao paladar a sensação de "beber estrelas". Nos dias atuais essa segunda fermentação é induzida dentro da própria garrafa pela adição de açúcar de cana e leveduras. Seus vinhedos cobrem cerca de 30.000 hectares e suas principais regiões de origem demarcada (AOC) são: *Montagne de Reims, Vallée de la Marne, Côte des Blancs, Côte de Sézanne e Côte de Bar*; cada uma delas com suas características próprias. As castas da região são a **Chardonnay** (branca), a **Pinot Noir** (tinta) e a **Pinot Meunier** (tinta). O champagne é feito com uma ou mais destas três cepas. A região também produz vinhos tranquilos, como o Rosé de Riceys e muitos outros no Coteaux Champenois.

VINS DE BOURGOGNE (Ver mapa p. 152)

A Bourgogne é uma região com vinhos brancos e tintos

excelentes. Mas há alguns desníveis, sobretudo entre os tintos. Não basta saber ler o rótulo e ao encontrar uma denominação de origem *premier cru* ou *grand cru*, acreditar que o vinho é excelente. Acontece que na Bourgogne, como na Champagne, o terreno é que é *grand* ou *premier cru*, e não o vinho; e ao contrário de Bordeaux, o *grand cru* é superior ao *premier cru*. Há também a importante questão do produtor. Um bom produtor pode fazer um *grand cru* de qualidade excepcional; um produtor menos cuidadoso pode fazer um *grand cru* bastante inferior ao do vizinho. Isto porque uma área de um *cru* pode ter muitos proprietários e diferentes vinificadores. Em Clos de Vougeot, por exemplo, são 77 os proprietários. A safra também é outro elemento que pode ser determinante. A uva **Pinot Noir**, a grande tinta de Bourgogne, é uma uva difícil, e em anos ruins os vinhos podem ser bem inferiores. Você pode encontrar na França pequenas tabelas de avaliação dos *millésimes* para auxiliar na escolha de vinhos das melhores safras.

A Bourgogne é uma região pequena – menos da metade de Bordeaux – e pode ser dividida em duas principais sub-regiões: *Chablis* e *Côte d'Or*, que são subdivididas em *Côte de Beaune* e *Côte de Nuits*. A *Côte Chalonnaise* e o *Mâconnais* são sub-regiões menos importantes. Alguns autores acrescentam também a região do Beaujolais à Bourgogne, pela proximidade geográfica.

Chablis – É um vinhedo mais ao norte da Bourgogne, de solo argilo-calcário, muito favorável à casta **Chardonnay**. Possui quatro denominações: *Chablis Grand Cru* e *Chablis Premier Cru*, que originam os grandes brancos, com fineza de aromas, amplitude de paladar e longevidade; *Chablis* e *Petit Chablis* que são as denominações mais genéricas, com brancos ligeiros e frescos. Uma área vizinha engloba também outras denominações de Bourgogne: *Irancy AOC*, com tintos frescos; *Saint-Bris AOC*, com brancos elaborados com a **Sauvignon Blanc**; e os genéricos *Côtes d'Auxerre AOC*, feitos com **Chardonnay** e **Pinot Noir**.

Côte d'Or – Grandes brancos e grandes tintos e muitas denominações genéricas. As uvas são a tinta **Pinot Noir** e a branca **Chardonnay**. Para os vinhos menores é usada também a tinta **Gamay** (*Bourgogne Passe-Tout-Grain*) e a branca **Aligoté** (*Bourgogne Aligoté* e *Crémant de Bourgogne*). As *Haut-Côtes* produzem vinhos mais simples e as *Côtes* fazem a fama de região. São elas:

Côte de Nuits – Área dos grandes tintos, de enorme classe. Muitos *grand crus* e *premiers crus*: Le Chambertin, Clos de la Roche, Clos de Tart, Le Musigny, Clos de Vougeot, La Romanée-Conti, La Tâche, Echézaux, etc., para citar alguns.

Côte de Beaune – Tintos de classe, mas menos encorpados

que os da Côte de Nuits. Os brancos secos são alguns dos melhores do mundo: Corton-Charlemagne, Bâtard-Montrachet, Le Montrachet, Les Perrières, Clos du Roi, Les Épenots, Les Clos des Chênes, etc., são alguns de seus famosos *grands crus* e *premiers crus*.

Côte Chalonnaise – Vinhos tintos de bom nível elaborados com a Pinot Noir em *Mercurey* e *Givry*. Brancos interessantes de Chardonnay em *Montagny* e *Rully*.

Mâconnais – Brancos e tintos ligeiros de denominação *Mâcon Supérieur* e *Mâcon-Villages*. Mais ao sul, os brancos feitos com a Chardonnay em *Pouilly-Fuissé* são vinhos de classe, complexos, geralmente caros. *Pouilly-Vinzelles* e *Pouilly-Loché* são vizinhos menos conhecidos e mais baratos.

VINS DU BEAUJOLAIS (Ver mapa p. 153)

A região vinícola do Beaujolais se estende ao logo do rio Saône, entre a cidade de Mâcon (marco do final do *Mâconnais*, na Bourgogne) até o Vale de l'Azergues. Sua cepa única é a **Gamay Noir** de sumo branco, que produz vinhos tintos frescos e frutados cujo aroma varia segundo a composição do solo. Os pouquíssimos brancos da região são feitos com a Chardonnay. A área de appellation é de fato dividida em duas regiões com produção bastante distinta.

Les Coteaux du Beaujolais

Ao norte de Villefranche-sur-Saône, os terrenos de solo granítico são a área de appellation do *Beaujolais-Villages*. Seus vinhos são mais encorpados que o Beaujolais comum e podem ser bebidos até com dois anos. No centro desta região estende-se a área dos "Crus", com solos graníticos e xistosos. São dez "*Crus de Beaujolais*" que levam no rótulo o nome da comuna e não o nome Beaujolais. Estes vinhos exprimem todo o potencial da uva: são mais concentrados, sutis, e de grande fineza aromática. Cada um destes "crus" tem características próprias, e seus vinhos uma personalidade bem definida. Podem ser conservados por até quatro anos, dependendo da origem do "cru" e da safra. São eles: *St-Amour, Moulin-à-vent, Fleurie, Morgon, Chiroubles, Juliénas, Chénas, Côte de Brouilly, Brouilly,* e *Régnié*.

Le Pays des Pierres Dorées

Entre Villefranche-sur-Saône e o Vale de l'Azergues o solo é argilo-calcário. Os tintos desta região são de appellation *Beaujolais* e *Beaujolais Supérieur*, tintos frutados e frescos. São vinhos para serem bebidos mais jovens, de preferência com um ano ou menos.

VINS DU VAL DE LOIRE (Ver mapa p. 154)

A região do vale do rio Loire produz vinhos desde o século II. *Anjou, Touraine* e *Orléanais* receberam, no decorrer dos séculos, plantas de vinhas de diferentes regiões naturais, o que explica a grande variedade de cepas. Hoje, abriga muitas denominações com vinhos bastante diferentes. São quatro as principais sub-regiões, cada uma delas dividida em várias denominações de origem: *Touraine, Anjou-Saumur, Pays Nantais* e *Centre*.

As cepas e as áreas de denominação de origem:

São 55 **AOC** e 13 **VDQS**, que produzem mais de 50% de brancos e o restante de tintos, rosés e alguns espumantes vinificados pelo método tradicional.

A cepa branca mais famosa é a **Chenin Blanc**, casta de vinhos brancos secos, meio secos e doces de *Anjou* e de *Touraine*. Em *vendange tardive* produz vinhos doces de grande fineza aromática (mel e flores) em *Coteaux du Layon, Quarts-de-Chaume, Bonnezeaux, Vouvray* e *Montlouis*.

A **Sauvignon Blanc** resulta em vinhos secos com aroma de frutas cítricas, um toque de mineral e defumado. É a única casta branca permitida nas denominações de *Sancerre, Pouilly Fumé, Quincy, Menetou-Salon* e *Reuilly*.

A **Chardonnay**, introduzida a partir da Idade Média, é a uva do *Crémant de Loire*. A **Muscadet** encontrou seu lugar na região de Nantes e deu origem ao vinho de mesmo nome.

Entre as tintas, a mais antiga da região é a **Pineau d'Aunis**, essencialmente usada na elaboração de rosés, como a **Grolleau**. Na *Touraine* predomina a **Gamay**, que dá vinhos frutados e leves. A **Côt** produz vinhos mais encorpados.

A **Cabernet Franc** é chamada de "Breton" na região do Loire. Em *Chinon, Bourgueil* e *Saumur* produzem vinhos frutados. Nos solos de argila e xisto de *Anjou*, vinhos mais tânicos.

A **Pinot Noir** é a tinta de *Orléanais, Touraine* e de *Sancerre*. Também veio da Bourgogne na Idade Média, como a Chardonnay.

VINS D'ALSACE ET LORRAINE (Ver mapa p. 155)

A Região de *Alsace et Lorraine* fica no nordeste da França, quase na divisa com a Alemanha. A Lorraine fica às margens do Moselle. A Alsácia se estende à direita do rio Reno, que é fronteira entre os dois países neste ponto. A tradição vinícola do Reno remonta à ocupação romana. Os vinhedos da planície do Reno na Alsácia beneficiam-se de um clima suave e ensolarado e de uma grande diversidade de terroirs, bastante adequados para o desenvolvimento de cepas brancas. Seus vinhos, ao contrário do que pode parecer, são secos e encorpados, bastante distintos de seus vizinhos alemães.

As Appellations d'Origine na Alsácia são: *AOC d'Alsace*, *AOC d'Alsace Grand Cru* e um *AOC Crémant d'Alsace*, para um vinho espumante produzido com método *champenoise* (ver notas sobre rótulos). Diferentemente do restante da França, onde os vinhos são conhecidos pelo nome das regiões ou comunas, aqui os vinhos levam o nome da cepa e da Appellation, são todos varietais. Existem 50 regiões *Grand Cru* que podem vir inscritas no rótulo junto com o nome dos vinhedos. Os vinhos *grand cru* só podem ser elaborados das cepas mais nobres: Riesling, Tokay d'Alsace (Pinot Gris), Gewürztraminer e Muscat. Há ainda os vinhos de *vendange tardive* (vindima tardia) e *sélection de grains nobles* (seleção de bagos nobres), que são vinhos doces. As cepas nobres são:

Riesling – Cepa branca, da maioria dos vinhos do Reno, tanto na França quanto na Alemanha. Os vinhos alsacianos desta cepa são secos e frutados, distintos, com bouquet delicado e de uma excepcional elegância.

Gewurztraminer – Cepa branca que resulta em vinhos mais redondos e suaves ao paladar, robustos, de bouquet acentuado e elegante.

Pinot Gris – ou *Tokay d'Alsace* – Produz vinhos de grande força alcoólica, opulentos e encorpados.

Muscat d'Alsace – Produz um vinho branco seco bastante frutado, ótimo como aperitivo.

As outras cepas:

Pinot Blanc – Produz vinhos equilibrados, leves e frescos.

Pinot Noir – Produz excelentes vinhos tintos ou rosés.

Chasselas e **Sylvaner** – Produzem bons brancos para serem bebidos jovens e gelados.

Não muito longe, mais ao noroeste, encontramos os dois vinhedos **VDQS** da Lorraine: em torno de Metz estão os *Vins de Moselle*, vinhos na sua maioria brancos; e *Côtes de Toul*, entre Toul e Nancy, que produz vinhos rosés com a uva **Gamay**.

VINS DE LA VALLÉE DU RHÔNE (Ver mapa p. 156)

As encostas do rio Rhône abrigam vinhedos desde muito antes do Império Romano. Ao longo do seu vale, a diversidade de solos – pedras calcárias, argila, areia, pedras roladas – propiciou o desenvolvimento de uma vasta quantidade de cepas. Só no *Côtes du Rhône* são 23 cepas permitidas e 13 em *Châteauneuf du Pape*. Muitas regiões vinícolas com caracteres distintos, que produzem em sua maioria vinhos tintos, mas têm excelentes brancos como o *Château Grillet* e o *Condrieu*.

Existem duas **AOC** genéricas:

Côtes du Rhône – Produz em torno de 80% dos vinhos da região, na sua maioria tintos. Devem usar 70% das uvas consideradas melhores (**Syrah, Mourvèdre, Grenache** e **Cinsault**) e ser consumidos jovens. Os brancos são ligeiros e frutados.

Côtes du Rhône-Villages – Brancos, tintos e rosés feitos nos *Villages* do sul cujos nomes podem aparecer nos rótulos. São melhores que os anteriores, com tintos mais potentes. São dezessete Villages, entre elas *Rasteau*, conhecida por seu vinho doce natural e *Beaumes-de-Venise*, que possui um **Muscat** bastante difundido.

E duas sub-regiões:

Côtes du Rhône Septentrionales – Produz alguns dos melhores vinhos da França. Uma faixa estreita de solo granítico, com clima temperado e boa insolação. Vai da cidade de Vienne até Valence. A principal cepa tinta é a **Syrah** e a branca a **Viognier**, que dominam os grandes crus da região: *Côte Rôtie, Condrieu, Château Grillet, Saint-Joseph, Hermitage, Crozes-Hermitage, Cornas* e *Saint-Péray*.

Côtes du Rhône Méridionales – O vale é mais largo nesta região; o clima é mediterrâneo, muito quente, com chuvas irregulares e tempestades. A tinta dominante é a **Grenache**, que é usada muitas vezes com a Syrah. Os crus são: *Châteauneuf du Pape, Gigondas, Tavel* (rosés) e *Lirac*.

Ainda na zona meridional, existem mais quatro regiões de menor importância que produzem tintos e rosés e alguns poucos brancos. São os **AOC** de *Coteaux du Tricastin, Côtes du Ventoux, Côtes du Lubéron* e os **VDQS** das *Côtes du Vivarais*.

VINS DE PROVENCE ET CORSE (Ver mapa p. 157)

A *Provence* é o mais antigo vinhedo da França. Data da colonização grega que se espalhou pelo Mediterrâneo muito antes dos romanos. Abrangendo Bouches-du-Rhône, Var e Alpes-Maritimes, essa região chamada de "Midi" estende-se por 116.000 hectares, dos quais 22.000 estão especificados em denominações AOC e VDQS.

Muitas cepas são utilizadas nesses vinhedos ensolarados de solo pedregoso de calcário e xisto. Para tintos e rosés são usadas **Grenache, Cinsault, Mourvèdre, Carignan, Syrah** e **Cabernet-Sauvignon**, entre outras. Para os brancos são usadas principalmente **Clairette, Ugni Blanc** e **Sémillon**.

As *Côtes de Provence, Coteaux Varois, Coteaux de*

Pierrevert e *Coteaux d'Aix-en-Provence* produzem os vinhos mais genéricos, com exceções de grande qualidade como o Château Vignelaure e Château de Trévallon. Os vinhos melhores provêm de outras pequenas denominações incrustadas nessas regiões maiores. São elas:

Bandol – tintos de bastante qualidade, elaborados principalmente com a Mourvèdre.

Cassis – brancos aromáticos e muito bons. Há também tintos e rosés, não tão expressivos.

Palette – denominação minúscula, quase restrita à produção do Château Simone. Tintos e brancos raros e caros, dificilmente encontrados fora da região.

Bellet – pequeno vinhedo no meio das culturas de flores ao norte de Nice. Vinhos feitos de castas raras, próprias desta appellation. Folle Noire, Braquet e Cinsault para seus tintos e rosés com aroma de cerejas. Rolle, Roussan, Spagnol e Majorquin para os brancos, de frescor notável, com notas de amêndoas, mel e flor de laranjeira.

Córsega

Existe uma Denominação Regional des *Vins de Corse* produzida no conjunto da região e que inclui cinco denominações locais: *Vin de Corse – Cap Corse, Calvi, Sartène, Figari* e *Porto Vecchio*. Há também duas Denominações comunais: *Ajaccio* e *Patrimonio*, e um **VDN**: *Muscat du Cap Corse*.

VINS DU LANGUEDOC ET DU ROUSSILLON

(Ver mapa p. 158)

Esta é uma região de clima bastante mediterrâneo com uma grande diversidade de solos e castas. Seus vinhos têm progredido bastante nos últimos tempos graças a uma nova geração de vinicultores. As castas são geralmente vinificadas e usadas em cortes. As principais tintas são: **Carignan**, **Grenache Noir**, **Cinsault**, **Mourvèdre**, e **Syrah**. As brancas são: **Maccabeu**, **Grenache Blanc**, **Bourboulenc**, **Clairette** e **Picpoul**. Suas Denominações de Origem mais expressivas são:

Corbières – Região de alguns dos melhores tintos do Languedoc. Rosés aveludados e frescos e brancos potentes e aromáticos.

Fitou – Tintos potentes em ascensão.

Limoux – Produz vinhos brancos tranquilos e duas appellations de espumantes: *Blanquette de Limoux* e *Crémant de Limoux*.

St-Chinian – Tintos robustos e rosés delicados.

Minervois – Tintos carnudos, rosés frutados e brancos com aromas florais.

Coteaux du Languedoc – Grande variedade de tintos, rosés e brancos em doze "terroirs" denominados: *Cabrières, La Méjanelle, La Clape, Quatourze, Montpeyroux, Picpoul-de-Pinet, Pic-St-Loup, St. Christol, St. Drézéry, St. Georges-d'Orques, St. Saturnin* e *Vérargues*.

Costières de Nîmes – As vinhas cultivadas voltadas para o mar resultam em vinhos potentes e encorpados. A vertente voltada para o norte produz vinhos mais redondos e frescos.

Clairette de Bellegarde – Produz um vinho branco seco de aromas específicos.

Clairette du Languedoc – Brancos secos e doces.

Faugères – Tintos e rosés, acetinados e com aromas de especiarias.

Côtes du Roussillon – Produção de vinhos brancos, rosés e tintos genéricos.

Côtes du Roussillon-Villages – Tintos oriundos de 25 villages da região. Encorpados e tânicos, costumam abrir após alguns anos.

Collioure – Tintos potentes elaborados com a Grenache Noir.

Banyuls – Também produzido com a Grenache Noir, esse Vin doux naturel (**VDN**) fortificado, com quase 20º de álcool, alcança níveis de excelência. O *Banyuls Grand Cru* leva estágio de 30 meses em tonéis de madeira.

Maury – Produzidos com a mesma uva e semelhantes ao *Banyuls*, são vinhos de menor elegância.

Muscat – Vinhos doces naturais das regiões de *Mireval, Rivesaltes, Lunel, Frontignan*, e *St. Jean-de-Minervois*.

VINS DU SUD-OUEST (Ver mapa p. 159)

O sudoeste da França produz muitos vinhos e bastante diversificados. Usa as castas do corte bordalês e uma porção de outras tradicionalmente antigas na região. Suas denominações mais importantes são:

Cahors – Vinhos encorpados, de um rubi profundo, um pouco rústicos, elaborados com a casta **Malbec**, conhecida na França como **Côt** ou **Auxerrois**.

Madiran – Vinhos tintos de bastante cor e corpo e uma certa longevidade. Usa a uva **Tannat**.

Bergerac – Tintos ligeiros para consumo em poucos anos. Feito com Cabernet Sauvignon, Cabernet Franc, Merlot, Malbec e a **Fer Servadou**, que é típica da região.

Buzet – Tintos elaborados com uvas do corte bordalês, com boa qualidade. Alguns brancos e rosés.

Jurançon – Branco doce elegante e longevo, elaborado com as uvas **Petit Manseng**, **Grand Manseng** e **Courbu**. Há versões em branco seco, mas não são do mesmo nível do vinho doce.

Monbazillac – Produz vinhos brancos doces com as mesmas castas de Bordeaux: Sémillon, Sauvignon Blanc e Muscadelle.

Gaillac – Brancos de boa acidez preparados com a uva **Mauzac**. Os tintos são leves e ligeiros. Também produz alguns espumantes.

VINS DU JURA ET DE LA SAVOIE (Ver mapa p. 160)

Os **Vins De Paille** (vinhos de palha) e os **Vins Jaunes** (vinhos amarelos) são típicos do Jura. Os **Vins de Paille** são naturalmente açucarados. Antes de serem vinificados, os cachos de uvas melhores são dispostos sobre um leito de palha e colocados para secar por três meses. Depois, é retirado o mosto destas uvas que fermenta lentamente por alguns meses e envelhece de dois a três anos em tonéis de carvalho. Resulta num vinho de alto teor de açúcar, suave e untuoso, com álcool em torno de 14/18°, de produção bastante limitada, e apresentado em meias garrafas. Os **Vins Jaunes** são exclusivamente oriundos da casta **Savagnin**. Depois de vinificados são colocados em tonéis de carvalho, não totalmente cheios, por seis anos. Sobre a superfície do vinho forma-se uma película fina de microorganismos que, durante o estágio, confere ao vinho um sabor muito particular, de nozes frescas. Estes vinhos, que podem ser conservados por mais de 50 anos, são apresentados em uma garrafa especial, a "*clavelin*", de 620ml, mais baixa e mais bojuda que uma de Bordeaux, e de ombro quadrado.

As principais denominações da região são as seguintes:

Jura – *Côtes du Jura*, *Arbois* e *L'Étoile* integram tanto vinhos tintos, brancos e rosés como também os vins de paille e vins jaunes. O *Château Chalon* é o vinho amarelo mais importante da França. O *Crémant du Jura* é um espumante e o *Macvin du Jura* um vinho licoroso.

Savoie – As *Appellations Crépy*, *Seyssel*, *Vin de Savoie* e *Roussette de Savoie* integram vinhos brancos, tintos e rosés. Essas denominações seguidas dos nomes "*pétillant*" e "*mousseaux*" são de vinhos espumantes.

Bugey – Os vinhos Bugey de appellation **VDQS** são produzidos ao sul do Jura. São vinhos tintos, rosés e brancos tranquilos e também ligeiramente efervescentes, sob as denominações *Vin du Bugey* e *Roussette du Bugey*, seguidos ou não do nome de um cru.

LE COGNAC (Ver mapa p. 161)

O **Cognac** é um destilado de uvas produzido na região de *Charente*, ao norte de Bordeaux. As cepas principais utilizadas são a **Ugni Blanc, Folle Blanche** e **Colombard**. Todas resultam em um vinho branco neutro que então é bidestilado em alambiques de cobre. Depois disso a bebida vai para o envelhecimento em barris de carvalho onde o processo de evaporação e as influências da madeira transformam o destilado jovem em uma bebida de notável complexidade. Muitos conhaques trazem no rótulo a denominação de origem. A mais conhecida é a *Grande Champagne*. As outras são *Petite Champagne, Borderies, Fins Bois, Bons Bois e Bois Ordinaires*. De uma à outra dessas seis zonas, o solo calcário perde sua riqueza em calor para se tornar mais argiloso e silicoso; ao mesmo tempo a bebida vê sua força e sua *finesse* se atenuarem e darem lugar a um sabor de "terroir" próprio ao envelhecimento. Os estilos de Cognac:

VS – (Very Superior ou 3 estrelas) Cognac básico que pode ostentar a falta de refinamento da juventude.

VSOP – (Very Superior Old Pale) Mistura com envelhecimento mínimo de 4 anos e meio. Também denominado VO (Very Old) ou Réserve.

Napoléon, Extra, Vieux e **Hors d'Âge** – Mistura em que o componente mais jovem tem no mínimo 6 anos.

XO – (Extra Old) Cognac com 8 anos no mínimo.

Fine Champagne – Mistura que tenha no mínimo 50% de Grande Champagne.

L'ARMAGNAC (Ver mapa p. 162)

O território de *Armagnac* fica ao sul de Bordeaux, no meio do Sud-Ouest. É um mosaico de pequenas propriedades, muitas das quais engarrafam e comercializam seus próprios destilados. Além disso, o Armagnac tem uma longa tradição de destilados safrados, que não podem ser vendidos antes de 10 anos de envelhecimento. São, sem dúvida, melhores. O Armagnac é destilado em alambique contínuo, o que resulta numa bebida mais rica e frutada. Os estilos de Armagnac são:

Armagnac – 2 a 6 anos de envelhecimento em madeira.

Vieil Armagnac – 6 anos, no mínimo.

Milésimé – 10 anos, no mínimo. É vendido como destilado safrado.

LE CALVADOS (Ver mapa p. 163)

O Calvados é uma aguardente feita da destilação da sidra – vinho elaborado de suco de maçãs – dos pomares da Normandia. A região obteve sua Appellation d'Origine Contrôlée em 1942, e tem áreas restritas de cultivo de maçãs e peras, colheita das frutas, elaboração da sidra, a destilação para produção do Calvados e, finalmente, o envelhecimento em madeira. Todo esse processo deve acontecer nas áreas delimitadas da denominação de origem, que são divididas em três appellations, com características e métodos próprios:

Appellation d'Origine Contrôlée Calvados – Feito com maçãs dessa área e processadas em uma destilação em alambique de colunas.

Appellation du Calvados du Pays d'Auge – Maçãs da área Pays d'Auge e dupla destilação em alambique de repasse.

Appellation Calvados Domfrontais – Maçãs e peras saídas da zona do Domfrontais com uma destilação em alambique de colunas. Deve conter ao menos 30% de peras.

Os estilos de Calvados são:

"Trois Étoiles" ou **"Trois Pommes"** – Três estrelas ou três maçãs – indica um envelhecimento em madeira de pelo menos 2 anos.

"Vieux" ou **"Réserve"** – velho ou reserva – Envelhecimento em madeira de no mínimo 3 anos.

"VO", **"Vieille Réserve"** (velha reserva) ou **"VSOP"** – Envelhecimento em madeira de ao menos 4 anos.

"Extra", **"Napoléon"**, **"Hors d'Âge"** (acima da idade) ou **"Âge Inconnu"** (idade desconhecida) – Envelhecimento em madeira de pelo menos 6 anos.

NOMES FAMOSOS DA GASTRONOMIA FRANCESA

A gastronomia francesa deve muito de sua sistematização e de sua fama a grandes escritores e gastrônomos que já há muito tempo vêm se ocupando dela. Alguns *chefs* visionários deixaram impressas suas receitas e conselhos. Críticos gastronômicos, gourmands e gourmets, e grandes sibaritas escreveram sobre culinária, vinhos, e sobre o bem viver. Comer – e comer bem – com elegância e qualidade é uma arte que se desenvolveu graças à dedicação e ao apetite destas personalidades. Este apêndice dedica-se a alguns desses nomes importantes, que até hoje são considerados verdadeiros dogmas na sagrada história da gastronomia francesa.

Taillevent, Guillaume Tirel dit (1310-1395) – O mais velho dos irmãos Tirel, Guillaume desde cedo começou a trabalhar nas grandes cozinhas dos castelos do duque da Normandia, do Príncipe de Valois e dos reis Charles V e Charles VI. É o autor do mais antigo livro de cozinha escrito em francês: ***Le Viandier***. A palavra "*viande*" é aqui utilizada no sentido latino de "*vivenda*", que significa "alimentos em geral", tornando-se por isso mesmo um importante inventário do que se consumia como alimento no século XIV. Restaram apenas quatro manuscritos do *Le Viandier*, que estão muito bem guardados na Biblioteca Nacional de França, dois outros na Biblioteca Mazarine e nos arquivos de La Manche em Saint Lô, e um quarto no Vaticano.

Rabelais, François (1494-1553) – Nascido no coração do vale do Loire, em La Devinière, Chinon, Rabelais foi um dos raros escritores de comédias da Idade Média. Criou uma obra colossal, tão grande quanto seus protagonistas: *Pantagruel* e *Gargantua*. De seu personagem *Pantagruel*, gigante de apetite perene e colossal, nasceu a expressão *festim ou banquete "pantagruélico"*.

Em sua obra de cinco volumes descreve muitos banquetes desse tipo, nos quais se fartam seus personagens; enumera bebidas e pratos típicos franceses, como as *fouaces, tripes* e *boudins* (fogaças, dobradinha e embutidos), dedicando vários capítulos à guerra das fogaças e à busca da Divina Garrafa (Dive Bouteille) como se fosse o Santo Graal. Não foi exatamente um crítico gastronômico, mas contribuiu com várias expressões e anedotas que são comuns até hoje quando se fala de gastronomia na França.

La Varenne, François Pierre de (1618-1678) – Cozinheiro do Marquês d'Uxelles, governador de Chalons-sur-Saône, La Varenne é o autor de *Le Cuisinier Français*, lançado em 1651, que contém receitas realizadas até hoje. É uma obra de grande importância na área gastronômica, que marca a passagem da cozinha francesa medieval para a cozinha "moderna". Foi o inventor do molho *duxelles*.

Vatel, François (Suíça, 1635-1671) – Maître-d'Hôtel do Príncipe de Condé no Château de Chantilly, Vatel foi eternizado na pele de Gérard Dépardieu no filme **Vatel – um banquete para o rei**. O filme mostra o triste episódio de sua morte: Vatel preparou a festa e os banquetes para receber o rei Luís XIV e sua comitiva no castelo de seu senhor, e uma sequência de incidentes infelizes culminou em uma grave depressão que o levou ao suicídio. Faltaram assados no primeiro banquete, uma bateria de fogos preparada por ele não funcionou e, para finalizar, o peixe encomendado para o banquete final não chegou. Sem dormir por 12 noites e deprimido por sentir que "perdera sua honra", Vatel apoiou sua espada na porta de seu quarto e lançou-se sobre ela. É atribuída a ele a invenção do creme *Chantilly*.

Brillat-Savarin, Jean Anthelme (1755-1826) – Não foi um profissional de cozinha, mas um fino gastrônomo, culto, músico e jurista. É conhecido sobretudo por seu livro, lançado em 1825, ***A fisiologia do gosto***. O livro é uma obra permeada de anedotas, conselhos práticos sobre hábitos alimentares e sua influência em todos os aspectos da vida, e de análises da gastronomia como ciência, com causa e efeitos determinados.

Possui humor refinado, estilo elegante e foi um sucesso imediato em seu tempo, comentado por muitos, elogiado por Balzac e desdenhado por Beaudelaire. Também escreveu a ***Histoire Philosophique de La Cuisine***, onde conta de maneira ora erudita, ora humorística a história da cozinha desde a descoberta do fogo até o fim do século XVIII.

Talleyrand-Périgord, Charles Maurice de (1754-1838) – Político e diplomata francês ilustre em sua época, o príncipe de Talleyrand foi um dos grandes gourmets franceses. Serviu a diferentes regimes políticos entre 1789 e 1838, com muita habilidade: foi favorecido por todos e não se manteve fiel a nenhum. Era um grande apreciador do queijo brie, especialmente o de fabricação de um tal Baulny, da região da Île-de-France. Conseguiu proclamar o brie o "rei dos queijos" no Congresso de Viena. Era um gastrônomo ímpar, apreciador de iguarias requintadas e mesa impecável. Costumava receber com frequência em sua mansão e exibia-se para os convidados trinchando pessoalmente os assados com uma faca e um garfo de ouro maciço. Hábil orador, culto e fluente, manejava com brilhantismo e elegância as comilanças que patrocinava às grandes personalidades de seu tempo. Charles Maurice de Talleyrand-Périgord tinha quatro grandes paixões na vida: a conversa, a política, as mulheres e a comida.

Grimod de la Reynière, Alexandre Balthazar (1758-1838) – Escritor, advogado e gastrônomo de família aristocrática, Grimod de la Reynière desde pequeno presenciou na mansão da família, nos Champs Elysées, festas e banquetes onde aprendeu a arte de receber e de bem comer. Teve muitos problemas com a família, da qual se apartou, e só foi usufruir seu legado após a morte do pai. A partir de então se tornou um anfitrião dos mais concorridos e bem frequentados de Paris. No início do século XIX, teve a ideia de publicar um periódico que comportasse o itinerário gastronômico da cidade (cafés, restaurantes e butiques) e assim nasceu o **Almanach des Gourmands**, trazendo consigo a invenção da crítica gastronômica. Em 1808 publicou o **Manuel des Amphytrions** para ensinar a arte de receber. Morreu aos 80 anos, depois de uma farta comilança por ocasião das festas de fim de ano.

Carême, Marie-Antoine, dito *Antonin* (1784-1833) – Antonin Carême nasceu em Paris, em plena época da Revolução Francesa. Nos diferentes regimes políticos desse período, serviu patrões abastados e requintados como Talleyrand na França, o príncipe regente inglês em Londres, o czar russo em São Petersburgo e os Rothschild. Da corte do czar Alexandre trouxe para a França o *service à russe*, com a sequência de pratos que é usada até hoje: entrada, primeiro prato de peixe, prato principal de carne e sobremesa. Desenvolveu um trabalho com açúcar sem precedentes, manipulando

os vários pontos de cozimento para fazer suas *pièces montées* que eram esculturas imensas chamadas de *extraordinaires*. Sua paixão pela arquitetura se fazia notar em templos, pirâmides e figuras de todos os tipos que eram minuciosamente esculpidos em açúcar, marzipã, chocolate e biscoitos. Recriou a massa folhada com a qual preparava uma de suas deliciosas invenções – os *vol-au-vents*, estabelecendo o procedimento para sua manufatura que é usado até hoje. Foi também o criador do chapéu de cozinheiro, a *toque blanche*, que é usado pelo *chef de cuisine*. Faleceu em virtude de problemas de saúde causados pelo excesso de ingestão de gases emitidos pela queima de carvão usado nas cozinhas de sua época. Deixou várias obras escritas, entre elas: **Le Pâtissier Pittoresque**, ilustrado por ele; **Le Maître d'Hôtel Français**, onde sugere menus conforme as estações do ano; e **L'Art de la Cuisine au XIXème Siècle**, em cinco volumes, sua obra-prima.

Dumas, Alexandre (1802-1870) – Escritor famoso por sua centena de romances, entre eles *Os três mosqueteiros,* **O conde de Monte-Cristo** e **A rainha Margot**, Alexandre Dumas pai, como era conhecido em sua época, também foi renomado gourmet. Uma de suas criações culinárias foi a grelha de três andares, que permitia assar um ganso, seis galinholas e uma dúzia de codornas de uma só vez, a gordura das de cima enriquecendo o sabor das que grelhavam abaixo. Aos 67 anos retirou-se para o campo para escrever seu ***Grand Dictionnaire de Cuisine***. Terminou a obra alguns meses antes de sua morte, em 1870. Apesar de não ser de grande precisão culinária e conter alguns erros e lacunas, o *Grand Dictionnaire de Cuisine* é um livro divertido, cheio de histórias interessantes e uma brilhante introdução à cozinha francesa do século XIX.

Escoffier, Auguste (1846-1935) – Chamado de "O Rei dos Cozinheiros" e o "Cozinheiro dos Reis", Auguste Escoffier foi uma estrela da Belle Époque. Começou cedo a trabalhar, no restaurante de um tio e depois em várias casas afamadas de Paris. Aos 34 anos conheceu e foi contratado por César Ritz, com quem iniciou uma feliz e duradoura parceria. Trabalhou em seus hotéis Savoy e Carlton, de Londres, por 31 anos, além de ter reformulado a cozinha de todos os outros hotéis de César Ritz na Europa. Uma das mais renomadas escolas de culinária da atualidade é a Ritz-Escoffier. Seu grande legado à culinária francesa está em sua reinterpretação da cozinha francesa clássica em busca da simplificação e do melhor aproveitamento. Recriou receitas deixando-as mais leves, eliminou excessos, e sistematizou os menus, colocando os pratos em sequência para servir, o que permitia que as elaborações fossem degustadas na temperatura certa, uma após a outra. Também eliminou certos adereços de apresentação da cozinha clássica como os pedestais (*socles*) e as bandeirolas em forma de leques (*hâtelets*). Deixou livros de culinária usados até hoje nas grandes escolas, com milhares de receitas, como **Le Guide Culinaire**, **Le Livre des Menus** e **Ma Cuisine**.

Montagne, Prosper (1865-1948) – Montagne era filho de um hoteleiro da região de Carcassone, sudoeste da França. Iniciou seus estudos em arquitetura, mas o negócio familiar falou mais forte e ele começou seu trabalho de cozinheiro num hotel comprado pelo pai em Toulouse. De lá seguiu para Cauteret, San Remo, Monte Carlo e, finalmente, para Paris, onde trabalhou no Ledoyen e no Grand Hotel. Em 1900 lançou o primeiro livro, em parceria com Prosper Salles: ***La Grande Cuisine Illustrée***. Em 1929 publicou o ***Grand Livre de La Cuisine***. Sua obra mais famosa, em parceria com o doutor Gottschalk, é o ***Larousse Gastronomique***, cuja primeira edição data de 1938 e foi prefaciada por Auguste Escoffier e Philéas Gilbert. Ele escreveu mais de 20 outras obras gastronômicas até 1948.

Curnonsky, *Maurice Edmond Sailland*, dito (1872-1956) – Gastrônomo erudito e talentoso, escritor e jornalista, o homem que levava o codinome de Curnonsky tinha 1,85m de altura e pesava não menos de 120 quilos. Sua enorme figura já prenunciava seu apetite de igual tamanho. Era um ferrenho defensor da cozinha tradicional francesa, dita *cuisine du terroir*. Em 1927 recebeu o título de "Príncipe dos Gastrônomos" da revista *Le Bon Gîte et La Bonne Table*. Aos 74 anos, em 1946, fundou a revista ***Cuisine et Vins de France***, que existe até hoje. Em 1956 morreu vítima de uma queda de três andares, através de uma janela. Crítico feroz dos políticos que comiam de graça, as expensas do dinheiro público, definiu-os gastronomicamente assim: "A extrema direita só aceita a grande cozinha dos banquetes diplomáticos; a direita prefere a culinária familiar tradicional, preparada lentamente; o centro aprecia as comidas regionais e frequenta restaurantes; a esquerda gosta da cozinha rápida, feita às pressas; e a extrema esquerda reúne os amantes do exotismo".

Hoje é comum encontrar nomes famosos da gastronomia francesa na mídia internacional. Os grandes chefs franceses estão sempre entre as personalidades máximas da atualidade e muitos deles defendem "na faca" suas posições nas constelações do **Guide Michelin** ou do **Gault-Millau**. Um chef três estrelas do Michelin é respeitado como um chefe de Estado. É certo que, a cada ano, mais nomes são agregados e outros são relegados ao ostracismo nesse ranking espetacular, mas alguns já fizeram história, como **Paul Bocuse** (criador da *Nouvelle Cuisine*), **Alain Chapel**, **Joël Robuchon**, **Alain Ducasse**, **Alain Passard**, **Michel Guérard** e os irmãos **Troisgros**.

Bibliografia:

Barreto, Ronaldo Lopes Pontes – *Passaporte para o sabor: tecnologias para a elaboração de cardápios*, São Paulo, Editora Senac, 2001.

Bornhausen, Rosy L. / Cabello, Maria Eugênia Longo – *As ervas do sítio*, São Paulo, M.A.S., 1994.

Brillat-Savarin, Jean Althelme – *A fisiologia do gosto*, São Paulo, Companhia das Letras, 1995.

Bru, Mylène/ Lachèze, François – *La Clef des Vignes*, Edições Sopexa, 1996.

Carroll & Brown Limited – *Le Cordon Bleu – Vinhos*, São Paulo, Editora Marco Zero/ Editora Nobel S.A., 2001.

Cortinovis, Charlotte/ Syren, Josiane – *Tartes et Tourtes, salées et sucrées*, Colmar, France, Éditions S.A.E.P., 1984.

Dumas, Alexandre – *Grand Dictionnaire de Cuisine*, Paris, Éditions Phébus, 2000.

Escoffier, Auguste – *Ma Cuisine*, France, Flammarion, 1934.

Freson, Robert – *O sabor da França*, textos e receitas de vários autores, Rio de Janeiro, Salamandra Consultoria Editorial S.A., 1989.

Galvão, Saul – *Tintos e brancos*, São Paulo, Editora Ática, 1997.

Johnson, Hugh – *A história do vinho*, São Paulo, Companhia das Letras, 1999.

Kelly, Ian – *Carême, cozinheiro dos reis*, Rio de Janeiro, Jorge Zahar Editor, 2005.

Laffont, Robert – *Hugh Johnson's Guide de Poche du Vin 2002*, Paris, Éditions Robert Laffont, 2001.

Lebey, Claude – *Les Trois Cuisines de France, Soupes et Entrées Chaudes*, France, Gault-Millau, Éditions Robert Laffont.

Lopes, J.A.Dias – *A canja do imperador*, São Paulo, Editora Nacional, 2004.

Phillips, Rod – *Uma breve história do vinho*, São Paulo, Ed. Record, 2003.

Pitte, Jean-Robert – *Gastronomia francesa, história e geografia de uma paixão*, Porto Alegre, LP&M Editores, 1993.

Real, Mauro Corte – *Paris gourmet*, Porto Alegre, Artes e Ofícios Editora Ltda.,1997.

Richter, Mireille de – *A cozinha francesa de Mireille de Richter, novas receitas*, Porto Alegre, LP&M Editores, 1994.

Richter, Mireille de – *O prazer da mesa*, Porto Alegre, Artes e Ofícios Editora Ltda., 1998.

Vieira, José de Sousa – *Gramática da língua francesa*, Portugal, Livraria Arnado, 1991.

Wells, Patrícia – *Cozinha de bistrô*, Rio de Janeiro, Ediouro Publicações S.A., 1993.

Wells, Patrícia — **Guia gastronômico de Paris**, Rio de Janeiro, Ediouro Publicações S.A., 1997.

Wells, Patrícia — **Minhas receitas da Provence**, Rio de Janeiro, Ediouro Publicações S.A., 1998.

Dicionário Houaiss da Língua Portuguesa, Rio de Janeiro, Editora Objetiva, 2001.

Grande Dicionário de Domingos de Azevedo Francês-Português, Lisboa, Livraria Bertrand Editora, 1988.

Larousse Saveurs — Les Fromages, Éditions Larousse–Bordas, 1998.

Le Guide Vert France — Paris, Michelin Éditions de Voyage, 2000.

Le Petit Larousse, dicionário ilustrado, Bélgica, Éditions Larousse–Bordas, 1998.

Les Manuels Pratiques: La Cuisine — L'Harmonie des Mets et des Vins, Paris, Editop 2000, 1987.

The New Sotheby's Wine Encyclopedia — A Comprehensive Reference Guide to the Wines of the World, London, DK Publishing Book, 1997.

Vários sites na Internet, relacionados com os assuntos tratados aqui neste livro, a saber:

http://al500.ifrance.com/wine.htm
http://www.vins-france.com/Default.aspx
http://chefsimon.com/index.htm
http://www.supertoinette.com/
http://www.resto-guide.com/glossaire/index.cfm
http://www.google.fr/
http://www.uni-graz.at/~katzer/engl/generic_frame.html?Nige_sat.html
http://www.interviandes.com/interviandes/decoupe/NomFra.html
http://www.soviba.fr/soviba2005/accueil2005.htm
http://www.linternaute.com/femmes/cuisine/
http://europa.eu.int/comm/fisheries/doc_et_publ/liste_publi/tac/tac1998_en.htm
http://www.cniel.com/Prodlait/FROMAGE/Fromage.html
http://www.fromag.com/
http://www.francefromage.com/m32_encyclopedie_tous.asp
http://www.frenchcheese.dk/fr/fixed/index800.html
http://www.fromages.com/cheese_library.php

Fromages de France

OBRIGATÓRIO	FACULTATIVO

- Menção "Vin de Table"
- Nome ou Razão Social do engarrafador e endereço deste
- Indicativo do teor de álcool
- Número de identificação do lote (pode vir em qualquer parte do rótulo)
- País de origem, para exportação
- Volume de vinho contido na garrafa em dl, cl, ou ml
- Marca comercial
- Tipo de produto

Fig. 1

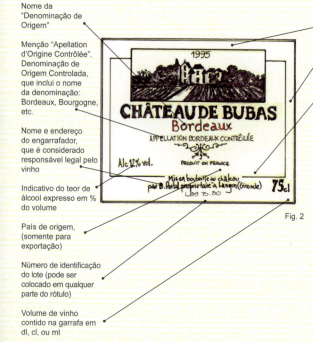

- Nome da "Denominação de Origem"
- Menção "Appellation d'Origine Contrôlée". Denominação de Origem Controlada, que inclui o nome da denominação: Bordeaux, Bourgogne, etc.
- Nome e endereço do engarrafador, que é considerado responsável legal pelo vinho
- Indicativo do teor de álcool expresso em % do volume
- País de origem, (somente para exportação)
- Número de identificação do lote (pode ser colocado em qualquer parte do rótulo)
- Volume de vinho contido na garrafa em dl, cl, ou ml
- Safra
- Marca comercial, nome da vinícola, propriedade, ch ou domaine
- Menção de engarrafado na propriedade, ou no vinhedo, ou château, ou dor Esta menção só é autorizada se engarrafamento se efetuar no lo indicado ou mui próximo

Fig. 2

146

OBRIGATÓRIO   FACULTATIVO

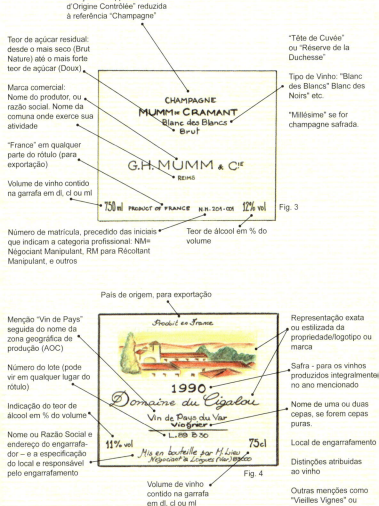

Fig. 3

Menção da "Appellation d'Origine Contrôlée" reduzida à referência "Champagne"

Teor de açúcar residual: desde o mais seco (Brut Nature) até o mais forte teor de açúcar (Doux)

Marca comercial: Nome do produtor, ou razão social. Nome da comuna onde exerce sua atividade

"France" em qualquer parte do rótulo (para exportação)

Volume de vinho contido na garrafa em dl, cl ou ml

Número de matrícula, precedido das iniciais que indicam a categoria profissional: NM= Négociant Manipulant, RM para Récoltant Manipulant, e outros

Teor de álcool em % do volume

"Tête de Cuvée" ou "Réserve de la Duchesse"

Tipo de Vinho: "Blanc des Blancs" Blanc des Noirs" etc.

"Millésime" se for champagne safrada.

Fig. 4

País de origem, para exportação

Menção "Vin de Pays" seguida do nome da zona geográfica de produção (AOC)

Número do lote (pode vir em qualquer lugar do rótulo)

Indicação do teor de álcool em % do volume

Nome ou Razão Social e endereço do engarrafador – e a especificação do local e responsável pelo engarrafamento

Volume de vinho contido na garrafa em dl, cl ou ml

Representação exata ou estilizada da propriedade/logotipo ou marca

Safra - para os vinhos produzidos integralmente no ano mencionado

Nome de uma ou duas cepas, se forem cepas puras.

Local de engarrafamento

Distinções atribuidas ao vinho

Outras menções como "Vieilles Vignes" ou "Carte Noire" etc.

147

Garrafa "Bourgogne"

Fig. 1

Garrafa "Bordeaux"

Fig. 2

Garrafa "Champagne"

Fig. 3

Garrafa "Alsace"

Fig. 4

Vins de France

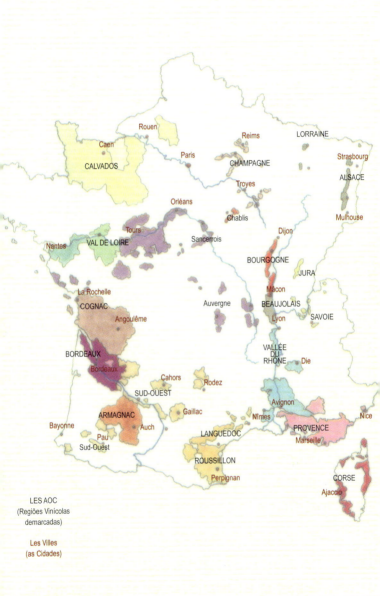

Vins de Bordeaux

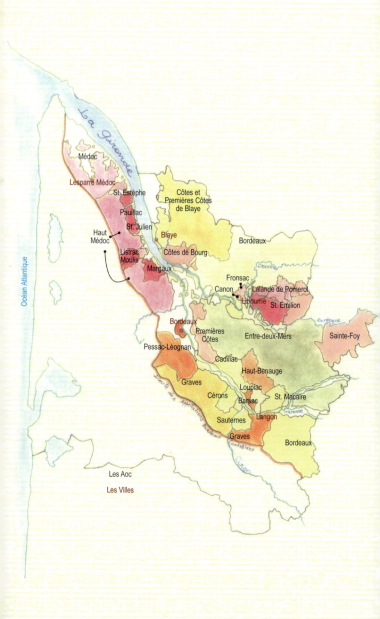

Vins de Champagne

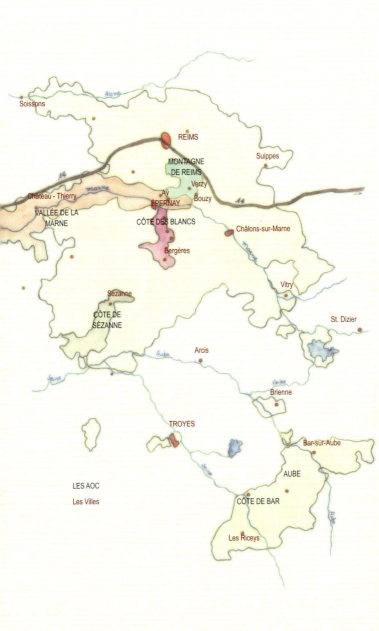

Vins de Bourgogne

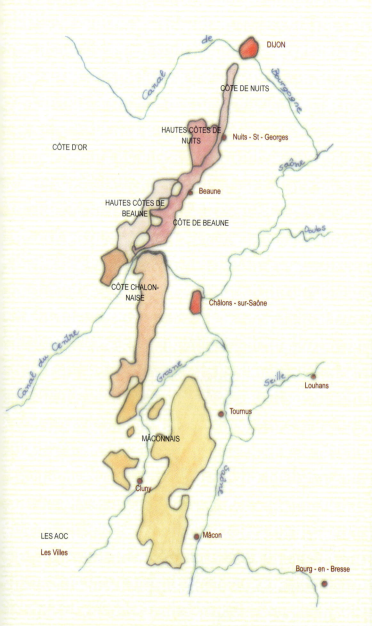

Vins de Chablis

LES AOC
Les Villes

Vins du Beaujolais

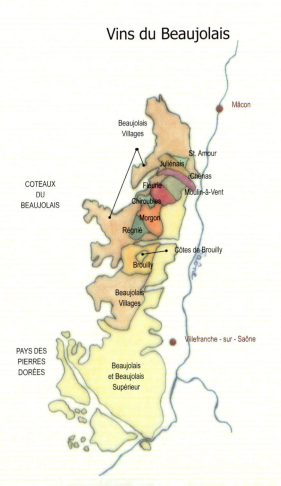

Vins du Val de Loire

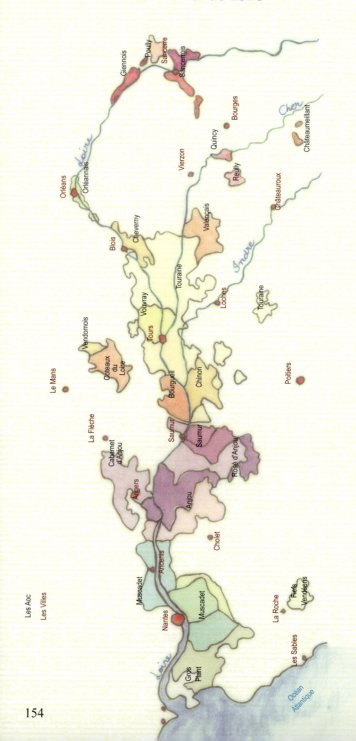

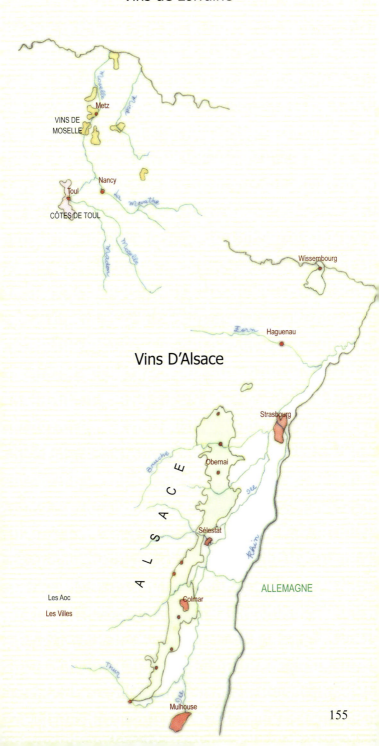

Vins de la Vallée du Rhône

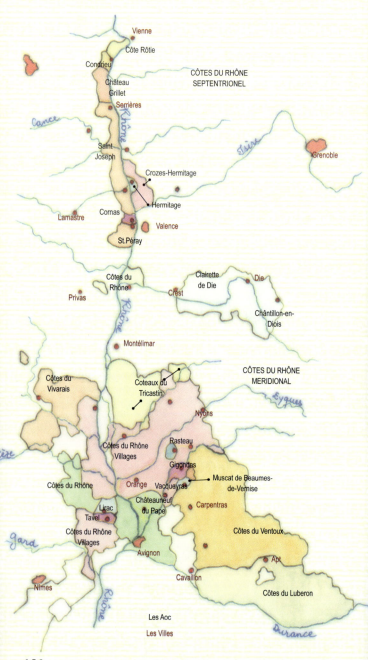

Vins de Provence

Vins de Corse

Vins du Languedoc et du Roussillon

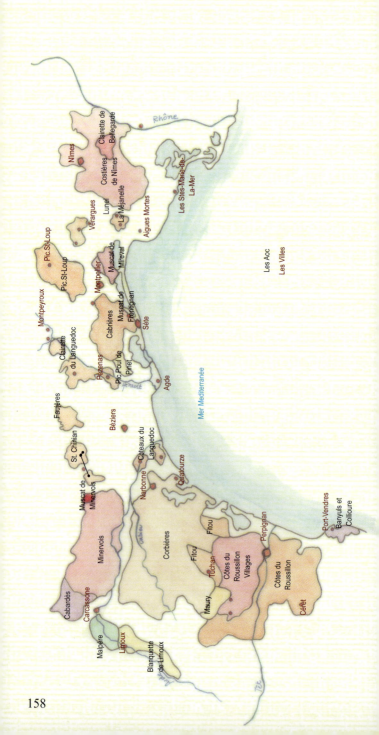

Vins du Sud-Ouest

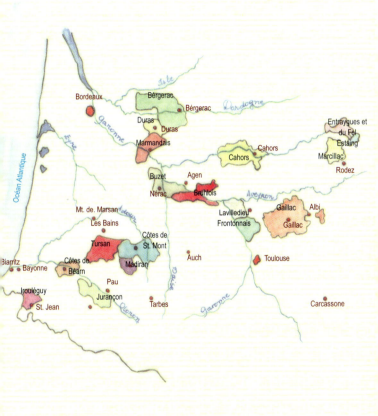

Vins du Jura

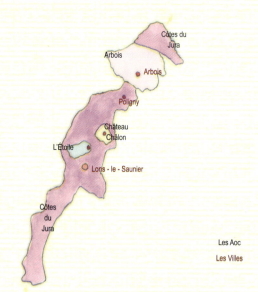

Vins de la Savoie

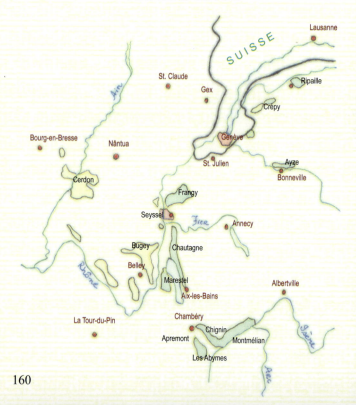

Le Cognac

L'Armagnac

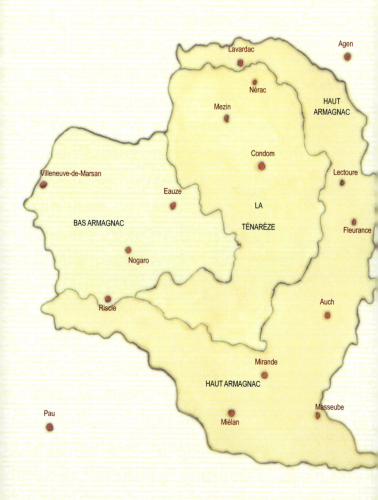

Le Calvados

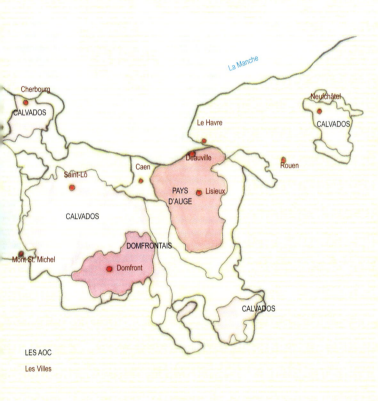

LA QUICHE LORRAINE (8 portions)

Ingrédients :
- 1 recette de pâte brisée
- 2 verres de crème fraîche
- 150g de lard coupé en petits dés et frits
- 2 oeufs
- Sel, poivre

Etendre la pâte. Garnir un moule à tarte avec la pâte, le piquer pour éviter qu'elle ne gonfle. Répartir les petits dés de lard frits sur la pâte. Mélanger la crème et les oeufs. Saler, poivrer. Verser cette préparation sur le fond de tarte et mettre au four chaud 30 minutes.

QUICHE LORRAINE (8 porções)

Ingredientes:
- *1 receita de massa podre*
- *2 copos de creme de leite fresco*
- *150g de toucinho cortados em pequenos dados e fritos*
- *2 ovos*
- *Sal, pimenta-do-reino*

Abrir a massa. Forrar o fundo e os lados de uma assadeira redonda própria para tortas e quiches, fazer furinhos com um garfo sobre o fundo da massa para evitar que ela forme bolhas quando assar. Espalhar os pequenos dados de toucinho fritos sobre a massa. Misturar o creme de leite com os ovos batidos. Colocar o sal e a pimenta-do-reino moída. Despejar esta mistura sobre o fundo de massa e levar ao forno quente por aproximadamente 30 minutos.

BLANQUETTE DE VEAU (4 personnes)

- 500g de tendrons de veau • 500g d'épaule de veau
- 2 gros oignons • 100g de crème fraîche • 1 oeuf
- ½ citron • 15g de gros sel (petite poignée) • 2 bonnes pincées de poivre blanc • 1 c. à soupe de fécule de pomme de terre

Coupez les morceaux de viande en gros cubes. Epluchez les oignons. Dans un poêlon, disposez la viande puis incorporez les oignons coupés en 4, 1 zeste de citron, sel et poivre. Couvrez la viande d'eau bouillante et laissez bouillir pendant 1h et 30 minutes. Dans un bol, mélangez avec un peu d'eau froide la fécule de pomme de terre puis versez le dans la casserole. Remuez pour que le mélange se fasse. Dans un autre bol, mélangez la crème, le jaune d'oeuf et le jus du demi citron. Versez la sauce dans le poêlon goutte à goutte en remuant constamment pour qu'elle ne se grumelle pas . Incorporez ce mélange et laissez cuire quelques minutes sans faire bouillir. Servez avec du riz ou des pommes de terre sautées.

BANQUETTE DE VITELA (4 pessoas)

- *500g de costela de vitela cortada em pedaços*
- *500g de paleta de vitela cortada em pedaços*
- *2 cebolas grandes • 100g de creme de leite fresco*
- *1 ovo • ½ limão • 5g de sal grosso (um punhado)*
- *2 pitadas de pimenta-branca moída*
- *1 colher de sopa de fécula de batata*

Dentro de uma panela grande, coloque os pedaços de carne, as cebolas descascadas e cortadas em quatro, uma casquinha de limão sem a parte branca, sal e pimenta-do-reino moída. Cubra a carne com água fervendo e deixe cozinhar durante uma hora e meia. Numa tigela pequena, misture a fécula de batata com um pouco de água fria e despeje na panela. Mexa bem para misturar. Numa outra tigela pequena, misture o creme de leite, o ovo e o suco do meio limão. Despeje esta mistura na panela, gota a gota, mexendo sempre para não formar grumos. Deixe a mistura cozinhar alguns minutos sem ferver para não talhar. Sirva com arroz ou batatas sautées.

TOURNEDOS À LA SAUCE BÉARNAISE
4 personnes

- 4 tournedos
- 4 fonds d'artichaut
- Pommes de terre frites
- 1 c. à soupe de beurre
- 2 c. à soupe d'huile

Sauce Béarnaise :
- 250ml de vinaigre de vin blanc
- 1 échalote
- 3 jaunes d'œufs
- 1 noisette de beurre
- Cerfeuil
- Estragon
- Sel, poivre

Faire sauter les tournedos au beurre avec l'huile. Napper le jus lié, placer sur chaque tournedos un fond d'artichaut rempli de sauce béarnaise.. Garnir le centre du plat de pommes de terre frites.

Sauce Béarnaise:
Faire réduire dans une petite casserole le vinaigre avec une échalote hachée, une pincée de cerfeuil et de l'estragon hachés menu, un peu de poivre moulu. Quand le vinaigre a bien diminué, y fouetter hors du feu 3 jaunes d'œufs avec une noisette de beurre, et ajouter à la fin une cuillère de cerfeuil et d'estragon hachés. Remettre sur le feu sans laisser bouillir.
Cette sauce est servie d'une manière générale avec les grillades de boeuf, mais aussi avec des viandes blanches ou du poisson.

TOURNEDOS DE FILÉ MIGNON AO MOLHO BÉARNAISE *(4 pessoas)*

- 4 tournedos de filé mignon
- 4 fundos de alcachofra (podem ser de lata)
- Batatas fritas
- 1 colher de manteiga
- 2 colheres de óleo

Molho Béarnaise:
- 250ml de vinagre de vinho branco
- 1 cebola roxa pequena picada
- 3 gemas de ovos
- 1 colher de café de manteiga
- Cerefólio
- Estragão
- Sal, pimenta-do-reino moída

Grelhe os filés na manteiga com o óleo. Coloque em uma travessa, jogue o suco da frigideira por cima, e sobre cada filé coloque um fundo de alcachofra cheio de molho béarnaise. Guarnecer o centro da travessa com as batatas fritas.

Molho Béarnaise:
Numa pequena panela, reduza ao fogo o vinagre com meia cebola pequena picada, uma pitada de cerefólio e uma pitada de estragão, e pimenta-do-reino moída na hora. Quando o vinagre diminuir bem, junte as 3 gemas e uma colher de café de manteiga e bata bem fora do fogo para não talhar. Junte um pouco de cerefólio e de estragão picados e volte ao fogo mexendo sempre. Não deixe ferver para não talhar.
Este molho é servido de maneira geral com grelhados de carne de vaca, mas pode também acompanhar carnes brancas e peixes.

COQ AU VIN (4 personnes)

- 1 coq de 1,5 Kg coupé en 16 morceaux (avec le foie)
- 250g de champignons coupés en quartiers
- 300g d'échalotes hachées • 1 gousse d'ail hachée
- 2 c. à soupe de farine • ½ litre de fond de volaille
- ½ litre de vin rouge • 20ml de Cognac
- 150g de lard coupé en dés

Saler et poivrer le coq. Dans une marmite beurrée, faire sauter les champignons. Laisser cuire et ajouter les échalotes, l'ail et le lard. Laisser dorer et retirer de la marmite. Mettre à la place le coq découpé, tout en mélangeant assez souvent pour le faire revenir. Des qu'il est roussi, saupoudrer de farine, déglacer avec le vin rouge, porter à ébullition et ajouter le fond de volaille. Porter de nouveau à ébullition et ajouter les champignons, les échalotes et le lard. Couvrir la marmite et mettre au four chaud pendant 1h 30 environ. (contrôler de temps en temps et mélanger délicatement). Retirer le tout de la marmite et passer au tamis la sauce qui reste. Remettre la sauce dans la marmite et la faire cuire à feu doux. Ajouter un peu de beurre, sans laisser bouillir, et remettre le coq dans sa sauce. Avant de servir, verser le Cognac flambé dessus.

FRANGO AO VINHO TINTO (4 pessoas)

- *1frango de 1,5kg cortado em 16 pedaços (com o fígado)*
- *250g de cogumelos-de-paris frescos cortados em quatro*
- *300g de cebola roxa picada • 1 dente de alho picado*
- *2 colheres de sopa de farinha de trigo • ½ litro de caldo de galinha • ½ litro de vinho tinto seco (o ideal é um pinot noir)*
- *20ml de conhaque • 150g de toucinho fresco cortado em cubinhos*

Temperar o frango com sal e pimenta. Em uma panela grande e alta que possa ir ao forno, untada com manteiga, refogue os cogumelos. Deixe cozinhar e junte a cebola picada, o alho e o toucinho. Deixe dourar e retire da panela. Coloque na mesma panela os pedaços de frango, mexendo de vez em quando para dourar dos dois lados. Logo que doure, salpicar com a farinha, colocar o vinho tinto, mexer até ferver e juntar o caldo de galinha. Deixe ferver novamente e junte os cogumelos com toucinho. Cobrir a panela e levar ao forno quente por mais ou menos 1h e meia (controlar de vez em quando mexendo delicadamente). Retire os pedaços da panela e passe o molho na peneira. Volte o molho para a panela e leve ao fogo baixo. Junte um pouco de manteiga e deixe ferver e recoloque o frango no molho. Antes de servir, coloque o conhaque flambado por cima.

RATATOUILLE (4 personnes)

• 500 g d'aubergine • 500 g de courgettes • 500 g de poivrons • 500 g d'oignons • 800 g de tomates • 5 gousses d'ail • 120ml d'huile d'olive • 1 poignée de basilic • Sel et poivre

Éplucher les aubergines et les courgettes. Couper en cubes. Faire dégorger les aubergines avec du sel. Vider les poivrons et les couper en lanières. Émincer les oignons et hacher finement l'ail. Faire chauffer l'huile d'olive dans un grand plat. Y faire revenir les oignons et l'ail.Réserver. Peler, épépiner et concasser les tomates. Faire suer les tomates dans le plat. Faire frire à l'huile d'olive les aubergines et les courgettes à part. Faire dorer les poivrons de la même manière.Mettre tous les légumes dans le plat et laisser mijoter 20 minutes.Ajouter le basilic finement haché, saler poivrer.

RATATOUILLE (4 pessoas)

• *500g de berinjela* • *500g de abobrinha italiana*
• *500g de pimentão* • *500g de cebola* • *800g de tomate*
• *5 dentes de alho* • *120ml de azeite de oliva*
• *1 punhado de manjericão fresco*
• *Sal e pimenta-do-reino moída na hora*

Descascar as abobrinhas e as berinjelas. Cortá-las em cubos. Colocar sal na berinjela para tirar o amargor e deixar escorrer em uma peneira por uns 30 minutos. Tire as sementes dos pimentões e corte-os em tiras finas. Corte as cebolas em rodelas finas e pique o alho bem miudinho. Aqueça 60ml de azeite em uma panela grande. Refogue as cebolas e o alho. Reserve. Passe os tomates em água fervente. Descasque os tomates, tire as sementes e pique-o grosseiramente. Coloque os tomates no refogado de cebola e alho e deixe refogar levemente. Lave as berinjelas em água abundante. Noutra panela, frite as abobrinhas e as berinjelas no restante do azeite. Retire e reserve. Doure os pimentões no mesmo azeite, da mesma forma. Junte todos os legumes na panela dos tomates e deixe cozinhar por uns 20 minutos. Junte o manjericão picado finamente e sal e pimenta a gosto.

BOEUF BOURGUIGNON (4 personnes)

- 1kg de bœuf (gîte, culotte ou paleron) coupé en 8 morceaux • Huile • 1 carotte • 2 oignons
- 30g de farine (1 c. à soupe bombée)
- 750ml de vin rouge (1 bouteille) • 1 gousse d'ail
- 1 bouquet garni (persil, thym, laurier) • Persil
- Sel et poivre • Pommes de terre

Faire chauffer l'huile dans une cocotte et mettre la viande à roussir, de tous les côtés, sur feu vif. Puis ajouter la carotte et les oignons en rondelles, saupoudrer de farine. Mélanger à feu vif pour que la farine dore. Couvrir la viande de vin rouge et porter à ébullition. Ajouter sel, poivre, ail écrasé, le bouquet garni et 1 verre d'eau. Couvrir et laisser cuire doucement 2 heures environ. Faire cuire les pommes de terre épluchées, à l'eau ou à la vapeur, de 25 à 30 minutes. Disposer la viande dans un plat creux. Après avoir passé la sauce, arroser la viande avec. Saupoudrer de persil haché. Servir les pommes de terre en même temps.

CARNE À MODA DA BORGONHA (4 pessoas)

- *1kg de carne de vaca (músculo, alcatra ou dianteiro) cortada em 8 pedaços • Óleo • 1 cenoura • 2 cebolas*
- *30g de farinha de trigo (1 colher de sopa bem cheia)*
- *750ml de vinho tinto (1 garrafa) de preferência de pinot noir • 1 dente de alho • 1 amarrado de temperos (salsinha, tomilho e louro) • Salsinha • Sal e pimenta-do-reino moída na hora • Batatas*

Aqueça o óleo em uma panela e coloque a carne para dourar de todos os lados com o fogo alto. Depois junte a cenoura e as cebolas em rodelas e salpique de farinha. Misture com o fogo alto para que a farinha doure. Cubra a carne de vinho tinto e deixe ferver. Junte sal, pimenta, o alho amassado, o amarrado de temperos e 1 copo de água. Cubra com a tampa e deixe cozinhar por aproximadamente duas horas. Cozinhe as batatas descascadas no vapor de 25 a 30 minutos. Coloque a carne em uma vasilha funda. Regue-a com o molho coado. Salpique de salsinha picada. Sirva as batatas junto com a carne.

GIGOT D'AGNEAU RÔTI (4 personnes)

- 1 gigot d'agneau de 1,5kg, sans le jarret
- 1 c. à soupe de oignon en poudre
- 1 c. à café de paprika piquant
- 1 c. à soupe de sel
- 1 c. à café de poivre
- Thym, marjolaine, basilic secs et pilés
- 1 gousse d'ail
- 30 ml d'huile d'olive

Chauffer le four à 180°C. Piquer la viande près de l'os avec un couteau et insérer l'ail épluché. Mélanger les assaisonnements. Badigeonner la viande d'huile et la saupoudrer avec les assaisonnements. Cuire au four, d' 1 heure et 30 minutes à 2 heures. Découper et servir avec des pommes de terre sautées.

PERNIL DE CORDEIRO ASSADO (4 pessoas)

- *1 perna de cordeiro de 1,5kg sem o joelho*
- *1 colher de sopa de cebola em pó*
- *1 colher de café de páprica picante*
- *1 colher de sopa de sal*
- *1 colher de café de pimenta-do-reino moída*
- *Tomilho, manjerona e manjericão secos e pilados*
- *1 dente de alho*
- *30ml de azeite de oliva*

Aqueça o forno a 180º C. Fure a carne com uma faca até atingir o osso e insira o dente de alho descascado. Misture os temperos secos e em pó. Unte a carne com o azeite de oliva e salpique os temperos. Assar de 1h e meia a 2 horas. Fatie e sirva com batatas sautées.

SOUFFLÉ AU CHOCOLAT (4 personnes)

Ingrédients pour un grand moule ou 4 individuels :
- 150g de chocolat noir mi-amer
- 3 c. à soupe de lait
- 70 g de sucre
- 20 g de beurre
- 3 oeufs (2 jaunes et 3 blancs)
- 1 pincée de sel
- 2 c. à soupe de liqueur Grand Marnier
- Sucre glace

Faire fondre 50 g de chocolat dans une petite casserole avec une c. à soupe d'eau, en remuant de temps en temps avec une cuillère en bois. Dans ce chocolat fondu, incorporer le lait et 30 g de sucre. Chauffer doucement jusqu'à ce que la texture soat homogène. Graisser les moules avec le beurre et saupoudrer de sucre glace.
Dans un bol, battre les jaunes d'oeuf. Incorporer doucement le chocolat fondu.
Dans un autre bol, fouetter les blancs d'oeuf en neige avec la pincée de sel. Dès qu'ils commencent à prendre forme, incorporer en petites quantités le reste de sucre sans cesser de battre pour obtenir des pics neigeux et fermes. Incorporer doucement les blancs d'oeuf au mélange de chocolat avec un fouet ou une spatule, en faisant un mouvement de haut en bas afin de ne pas trop affaiser les blancs. Emietter les 100 g restant de chocolat et les incorporer. Ajouter le Grand Marnier. Verser l'appareil dans les moules. Saupoudrer de sucre glace et enfourner dans un four pré-chauffé à 180°C pendant 13-20 minutes selon la grosseur du moule. Le soufflé doit être gonflé et sec; si vous plongez une aiguille en son centre, elle doit en ressortir propre. Retirer du four et saupoudrer de sucre glace. Servir immédiatement.

SUFLÊ DE CHOCOLATE (4 pessoas)

Ingredientes para uma forma grande ou 4 individuais:
- *150g de chocolate escuro meio amargo em barra*
- *3 colheres de sopa de leite*
- *70g de açúcar*
- *20g de manteiga*
- *3 ovos (2 gemas e 3 claras)*
- *1 pitada de sal*
- *2 colheres de sopa de licor Grand Manier (pode ser outro licor de laranja)*
- *Açúcar de confeiteiro*

Em uma pequena panela, derreta 50g de chocolate com 1 colher de sopa de água, mexendo de vez em quando com uma colher de pau. Neste chocolate derretido, incorporar o leite e 30g de açúcar. Aquecer em fogo baixo até que fique numa textura homogênea. Unte as forminhas para suflê com a manteiga e polvilhe com açúcar de confeiteiro. Numa tigela média, bata as gemas. Incorpore delicadamente o chocolate derretido. Numa outra tigela, bata as claras em neve com a pitada de sal. Assim que elas comecem a tomar forma, junte o restante do açúcar em pequenas quantidades sem parar de bater para obter uma consistência bem firme. Incorpore delicadamente as claras batidas à mistura de chocolate, com um fouet ou uma espátula, com movimentos de cima para baixo, para não abaixar muito as claras em neve. Picar o restante da barra de chocolate dentro da mistura; incorporar e juntar o licor. Distribuir a mistura nas forminhas untadas, salpicar com açúcar de confeiteiro e levar ao forno preaquecido a 180º C por 13 a 20 minutos, dependendo da espessura das forminhas. O suflê deve ficar bem crescido e seco; um palito enfiado no meio deve sair limpo. Retire do forno e polvilhe com açúcar de confeiteiro. Sirva imediatamente.

FOIE DE CANARD SAUTÉ ET PAMPLEMOUSSES CROUSTILLANTES (4 personnes)

Recette originale de Gérard Vié, chef du restaurant « Les Trois Marches à Versailles »

- 600g de foie gras cru de canard • 1 grosse patate douce
- 2 pamplemousses roses • 500ml de jus de volaille
- 12 c. à soupe de sucre en poudre • 200g de beurre doux
- 1/3 c. à café de cerfeuil • Sel fin et poivre du moulin

Couper un pamplemousse en 12 fines tranches, les saupoudrer de 12 c. à soupe de sucre sur leurs deux faces et les faire sécher 3 heures au four à 60ºC. Cuire la patate douce à l'eau bouillante salée et la réduire en purée avec 50 g de beurre.
Dans une casserole, faire réduire le jus d'un pamplemousse; puis ajouter le jus de volaille et faire réduire de moitié; monter au beurre avec les 150 g qui restent.
Trancher le foie de canard en 4 escalopes; assaisonner et faire cuire 2 minutes des deux côtés. Egoutter sur du papier absorbant. Dans chaque plat, dresser une quenelle de purée, mettre le foie gras à côté et arroser de jus. Décorer avec trois segments de pomelos croustillants plantés dans la purée et saupoudrer avec le cerfeuil écrasé.

FÍGADO DE PATO SALTEADO E POMELOS CROCANTES (4 pessoas)

Receita original do chef Gerard Vié, do restaurante "Les Trois Marches à Versailles"

- *600g de fígado cru de pato • 1 batata-doce grande*
- *2 pomelos (grapefruit) • 500ml de caldo de galinha forte • 12 colheres de sopa de açúcar • 200g de manteiga sem sal • 1/3 de colher de café de cerefólio • Sal e pimenta-do-reino moída na hora*

Fatiar um dos pomelos em 12 fatias finas e polvilhá-las com 12 colheres de açúcar de ambos os lados e levá-las para secar no forno a 60º C por 3 horas. Cozinhar a batata-doce em água salgada até ficar macia e reduzi-la a um purê, adicionando 50g de manteiga. Numa panela pequena, reduza o suco do outro pomelo. Junte o caldo de galinha e reduza à metade. Misture a manteiga restante (150g), deixe misturar sem ferver e reserve. Corte o fígado em 4 escalopes. Tempere-os com sal e pimenta e grelhe por 2 minutos de cada lado em uma frigideira. Escorra-os em papel absorvente. Em cada prato coloque uma colher do purê de batata-doce, o escalope de fígado ao lado, regue com o molho e decore com 3 fatias de pomelo apoiadas no purê. Salpique com o cerefólio esmagado.

CASSOULET (4 personnes)

- 400 g de haricots blancs secs • 100 g de couenne de porc
- 100 g de lard • 100 g de carottes • 1 oignon piqué de clous de girofles • 3 gousses d'ail • 1 saucisson à l'ail
- 400 g d'échine de porc • 100 g de tomates épluchées et épépinées, coupées en dés • 2 c. à soupe de graisse de porc • 1 bouquet garni • Chapelure.

Faire tremper les haricots la veille. Faire bouillir les haricots. Jeter l'eau et égoutter. Mettre les haricots dans la casserole et couvrir d'eau. Porter à ébullition. Ajouter la couenne, le lard, les carottes, l'oignon et l'ail. Laisser mijoter 1 heure. Couper le saucisson à l'ail en tranches. Détailler l'échine. Faire revenir le saucisson et l'échine dans la graisse d'oie, et ajouter à la préparation. Recouvrir avec les tomates et le bouquet garni. Laisser cuire encore une heure. Frotter un plat en terre «cassole» avec une gousse d'ail. Verser la préparation dans le plat. Mettre au four à 200 °C pendant 2 heures. Couvrir de chapelure 10 minutes avant la sortie du four.

CASSOULET (4 pessoas)

- *400g de feijão-branco seco • 100g de couro de porco fresco*
- *100g de toucinho fresco • 100g de cenoura*
- *1 cebola inteira espetada com cravos da índia*
- *3 dentes de alho • 1 linguiça de porco com alho*
- *400g de costela de porco • 100g de tomates sem pele e sem sementes cortados em cubinhos*
- *2 colheres de sopa de banha de porco*
- *1 amarrado de temperos (tomilho, salsinha e louro)*
- *Farinha de rosca*

Cozinhe o feijão de véspera até ficar al dente. Leve ao fogo até ferver e escorra-os em uma peneira. Coloque-os em uma panela e cubra com água. Leve novamente ao fogo até ferver. Junte o couro de porco, o toucinho, as cenouras, a cebola e o alho. Deixe cozinhar por uma hora. Corte a linguiça em fatias. Corte as costelinhas em pedaços. Frite a linguiça e as costelinhas na gordura de porco e junte ao feijão. Coloque por cima os tomates e o amarrado de temperos. Deixe cozinhar por mais uma hora. Em uma terrina redonda, que possa ir ao forno, esfregue um dente de alho. Despeje o cassoulet nesta terrina. Leve ao forno a 200º C por 2 horas. Salpique com farinha de rosca 10 minutos antes de tirar do forno.

Edição: André Boccato
Projeto Gráfico: Eduardo Schultz
Diagramação: Lucas W. Schmitt
Revisão: Regina Machado / Aliança Francesa (Marine Luca)
Coordenação Editorial: Manon Bourgeade / Maria Aparecida C. Ramos

Editora Gaia
Diretor-Editorial: Jefferson L. Alves
Diretor de Marketing: Richard A. Alves
Gerente de Produção: Flávio Samuel
Coordenadora-Editorial: Dida Bessana
Assistente-Editorial: Iara Arakaki

© Copyright Editora Boccato

1ª edição, Editora Gaia, São Paulo 2006
3ª Reimpressão, 2014

Dados Internacionais de Catalogação na Publicação (CIP)
(Câmara Brasileira do Livro, SP, Brasil)

Helene, Helen
 Dicionário de termos de gastronomia francês-português / Helen Helene ; prefácio de Laurent Suaudeau. -- São Paulo : Gaia : Editora Boccato, 2006.

 ISBN 978-85-7555-112-7

 1. Gastronomia - Dicionários - Francês-Português I. Suaudeau, Laurent. II. Título.

06-6709   CDD-641.03

Índices para catálogo sistemático:

1. Gastronomia : Dicionários : Francês-Português
 641.03

Editora Boccato Ltda. EPP
Rua dos Italianos, 845
01131-000 – Bom Retiro - São Paulo
SP - Tel.: (11) 3846-5141
www.boccato.com.br

Obra atualizada conforme o
Novo Acordo Ortográfico da Língua Portuguesa

Editora Gaia LTDA.
(pertence ao grupo Global Editora e Distribuidora Ltda.)
Rua Pirapitingui, 111-A – Liberdade 01508-020
São Paulo – SP – Brasil (11) 3277-7999
www.editoragaia.com.br – gaia@editoragaia.com.br
Nº de catálogo: 2833